024

팸플릿 **024**

원전 마을

월성원전 인근 주민들의
투쟁 이야기

김우창 지음
경주환경운동연합 기획

한티재

차례

부록

추천의 글

김진일 (월성원전 인접지역 이주대책위원회 위원장)

안녕하십니까?

저는 월성원전 인접지역 이주대책위원회 위원장 김진일입니다.

우리가 '이주'라는 이름표를 가슴에 달고 투쟁을 한 지도 9년이 되었습니다. 긴 세월 속에 많은 일들이 있었고, 이제는 소수의 인원으로 투쟁을 계속하고 있습니다.

힘들고 좌절해 있을 때에는 많은 종교인과 사회단체에서 찾아와 위로와 격려를 해 주셔서 우리는 다시 힘을 내고 투쟁을 해 왔습니다.

많은 시간과 세월이 흘러 이 자리에서 뒤를 돌아보니 너무도 먼 길을 왔군요. 그리고 앞을 바라보니 끝이 보이지 않고 캄캄

하기만 합니다.

지금 우리는 어떻게 할까요?

이 책 저자는 8개월 동안 우리와 같이 생활하면서 우리들의 실정을 너무도 잘 알고 있습니다. 그리고 우리의 삶이 있는 그대로 이 책에 기록되어 있습니다.

이 책을 많은 분들이 보시고 우리의 아픔과 상처를 치료해 줄 수 있는 명약을 처방해 주시기를 바랍니다.

감사합니다.

추천의 글

남태제 (영화 〈월성〉 감독, 환경전문탐사보도 PD)

전기 없이는 잠시도 존재할 수 없는 세상입니다. 그러나 세상 사람들은 전기를 공기처럼 쓰면서도 전기가 어디서 오는지에 짐짓 관심을 두지 않습니다. 발전소 옆에서 살아가는 사람들의 고통에 별 관심이 없습니다.

그동안 우리나라 전기의 20%에서 40%까지를 공급해 왔던 핵발전소 인접 주민들은 오랫동안 방사능 피폭과 불안, 집과 토지 등 재산 가치의 하락으로 고통을 겪어 왔습니다. 그러나 그분들의 목소리는 들리지 않았습니다. 사방이 벽으로 꽉 막힌 듯한, 사회적 무관심 속에 놓여 있었기 때문입니다.

월성원전 인접지역 이주대책위원회에서 활동하는 나아리와 나산리 주민들은 이 꽉 막힌 벽을 끈질기게 두드려 마침내 세상을 향해 대화의 통로를 뚫어 낸 분들입니다. 그분들의 목소리를 통해 우리는 핵발전소의 실체를 명확하게 알 수 있었고, 전기의 혜택을 입는 사람들의 사회적 책임이 무엇인지를 고민할 수 있었습니다. 그래서, 그분들의 목소리가 세상에 들릴 때, 그 이야기에 귀를 기울이고 그 이야기를 더 넓게 전달하는 사람들의 존재는 참으로 소중합니다.

사회학 연구자 김우창 선생은 그런 존재입니다. 일 년 가까운 시간 동안 월성핵발전소 인접지역에서 주민들과 함께 살면서 보고 듣고 느끼고 확인하고 분석한 사실들을 충실하게 기록했고, 읽기 쉬운 글로 정리해 한 권의 책으로 묶어 냈습니다. 이 책 『원전 마을』은 정직하고 진실한 기록이자 보고서입니다.

우리가 공기처럼 쓰는 전기가 어디서 오는지, 그곳의 삶은 어떠한지를 알아보는 것. 잘못된 현실이 있다면 바꾸기 위해 고민하는 것. 그것이 깨어 있는 시민의 도리가 아닐까 싶습니다. 에너지전환의 시대, 깨어 있는 시민으로 살아가고자 한다면 이 책을 한번 읽어 보시기를 진심으로 권합니다.

추천의 글

이상홍 (경주환경운동연합 사무국장)

2020년 가을, 대학원생이 연구를 위해 월성원전으로 왔다. 바로 『원전 마을』의 저자인 김우창이다. 보통의 연구자들은 논문 주제에 맞는 대상을 물색해 몇 차례 인터뷰하는 것으로 지역 일정을 마친다. 그런데 저자는 원전 인근 마을에 세 들어 살면서 8개월간 주민들과 인연을 쌓아 갔다.

주민들은 매주 월요일 아침, 발전소의 출근 시간에 맞춰서 행진한다. 저자는 활동가인 나보다 더 열심히 출근 행진에 참여했다. 연구자의 근면만으로는 설명하기 힘든 헌신이라고 생각한다. 우리가 『원전 마을』을 기쁘게 받아 볼 수 있는 것도 연구를 넘어선 저자의 진정성이 낳은 결실이기 때문일 것이다.

저자는 2021년 6월부터 『탈핵신문』에 주민들의 이야기를 연재하기 시작했다. 첫 기사를 읽으면서 문장에 탄복했다. 곧바로 단행본 발간을 제안했다. 저자는 박사 과정 논문을 뒤로 미룬 채 2021년 가을에 원고를 완성해서 보내 왔다. 원고를 읽으면서 다시 탄복이 이어졌다. 비록 나는 8년간 주민들과 함께 투쟁했으나, 그들의 희로애락은 잘 모른다. 저자는 8개월의 짧은 시간에 그들의 내밀한 이야기를 끄집어냈다. 읽으며 재밌다가도 숙연해지곤 했다.

이 책의 원제목은 '간절히 바라옵건대, 이주'였다. 무척 마음에 들었다. 그러나 원고를 읽을수록 자꾸만 생각이 커져 갔다. 천막농성을 하는 우리 주민뿐만이 아니라 대한민국의 모든 핵발전소 주민의 아픔에 관한 이야기였다. 글이 보편성을 획득하고 있었다. 그래서 조심스럽게 '원전 마을'로 제목 변경을 제안했고 저자가 흔쾌히 받아들였다. 고마운 일이다.

저자는 대학생 시절 밀양송전탑 투쟁에도 연대했다. 그래서인지 핵발전소와 주민들의 삶에 깊은 통찰을 보여 준다. 전기를 대량 소비하는 도시민에게 『원전 마을』이 널리 읽혔으면 한다. 또한 여의도 국회의사당에 있는 분들에게도 필독서로 추천한다.

주민들과 나에게 저자는 큰 선물이다.

"우창 씨, 고맙습니다."

들어가며

당신은 '월성'을
들어 본 적이 있나요?

나는 왜 이주대책위를 연구하게 되었나

2020년 10월 중순부터 2021년 7월 초까지 경상북도 경주시 양남면에서 현장연구를 했다. 학위 논문을 작성하기 위한 8개월여의 현장연구 중 가장 인상 깊었던 활동은 월성원전 인접지역 이주대책위원회(이하 대책위)와 함께 한 '상여시위'였다. 월성핵발전소 홍보관 앞에 설치한 농성장에서 300미터도 채 떨어지지 않은 월성핵발전소 정문까지 매주 월요일과 목요일에 상여를 끌었다.* 그들은 '이주만이 살길이다'가 적힌 노란색 조끼를 입고 바퀴가 달린 관과 상여를 끌었다. 연대자가 많은 날에는 핵폐기물 드럼통 모형과 팻말도 함께 사용했다. 내가 참여한 가장 최근의 상여시위는 2021년 6월 28일로, 이날은

---

* 월요일에는 울산 북구 주민들이, 목요일에는 경주 시내와 양남면 주민들이 방문하여 함께 상여시위에 참여하였다. 그러나 이주대책위 주민들이 농사일로 바빠진 2021년 3월 중순부터는 매주 월요일에 집중하여 상여시위를 진행하고 있다.

이주대책위가 만들어진 2014년 8월 25일 이후로 2,512일째, 햇수로는 7년째 이주를 요구한 날이다.

월요일 오전 8시가 되면 주민과 연대자들이 하나둘씩 나타나, 서로의 안부를 묻거나 커피를 마시며 추운 몸을 녹였다. 농성장 실내가 제법 더워지기 시작한 5월 중순부터는 바깥에서 이야기를 나누기도 하였다. 그러다 8시 20분이 되면 노란색 조끼를 입고 상여시위를 시작했다.

월성핵발전소 정문까지 곧게 난 왕복 2차선 도로 위에 한국수력원자력(이하 한수원) 직원들의 개인 차량과 대형 통근버스, 공사 차량 등이 많아진다. 그 바쁜 도로 위를 잠깐이나마 차지하는 건 대책위가 끄는 상여와 관, 그리고 구슬프게 우는 상여곡이다.* 예전에는 하얀 상복을 입고 "어이~ 어이~ 어이 갈꼬~"라는 상여곡을 틀었지만, 그마저도 주변 초등학교와 주민들의 항의로 포기해야 했다. 마을 주민들과 "척지고 싶지 않다"는 이유도 있었지만, 쉬는 시간 상여곡을 따라 부르는 아이들에 대한 미안함 때문이었다. 이주대책위 회원들도 상여곡이 마을 곳곳까지 들릴 줄은 몰랐다. 과거에 비해 작은 스피커를 구입

---

* 2014년 대책위를 만들고 상여시위를 할 때 이들은 하얀 상복을 입고 상여곡을 틀었다. 그러나 인접 마을과 초등학교까지 들린다는 주민들의 항의로 상여곡 대신 민중가요를 틀었으나, 2021년 6월부터 다시 상여곡을 틀기 시작했다.

하여 주변에 피해를 끼치지 않으면서도 자신들의 의지를 보여줄 수 있기에 이들은 다시 상여곡을 틀었다.

8시 20분, 적게는 대여섯 명, 많게는 스무 명이 넘는 사람들이 상여, 관, 드럼통과 다양한 구호가 적힌 팻말을 손에 든 채 농성장에서 월성 한수원 정문 앞까지 300미터가량의 도로 위를 걷기 시작한다. 시위 행렬 뒤에는 출근길 길게 늘어선 차들이 있었고, 귀찮다는 듯 때로는 이들의 시위가 마음에 들지 않는다는 듯 '빵' 경적을 울리며 빠르게 우리를 앞질러 가는 차량도 있었다. 처음엔 별생각이 없었다. 솔직히 '춥다'는 생각 외에 특별한 감흥도 없었다.

눈이 오고 바람이 강하게 부는 날이나 비가 내리는 날에도 그들은 마땅히 해야 할 일을 하는 사람들처럼 그렇게 매주 월요일에 농성장에 나왔다. 그러나 그들에게 허용된 공간은 고작 정문 바로 앞까지였고 그들이 그곳을 돌고 나면, 시위가 끝나기를 기다리던 차들이 별일 없다는 식으로 내질러 정문을 통과했다. 그렇게 한 시간도 채 안 되는 '계란들의 바위치기'는 끝이 나고, 한수원 직원들은 다시 일상으로 돌아갔다. 8년째(2022년 기준) 같은 싸움을 하는 주민들도 관, 상여와 드럼통을 제자리에 놓고는 다시 농성장에 들어간다.

허름한 농성장의 한쪽 구석에는 우산이나 모자, 각종 피켓

[그림 1] 이주대책위 상여시위. 월성핵발전소 정문을 돌아 다시 농성장으로 향하는 이주대책위
와 그들을 지나치는 출근 차량. (김우창 촬영, 2021. 1. 28)

등 지금까지 그들이 사용했던 다양한 물건들이 있었고, 사방에는 이곳을 방문하여 주민들에게 희망을 약속했던 정치인들의 사진이나 기자회견 사진들이 걸려 있었다. 난롯가에서 다시 몸을 녹이고, 지난 한 주간 있었던 일을 공유하다 10시 전후에 농성장을 나와 각자 집으로 간다.

이 책은 월성핵발전소 근처에 사는 주민 중 누가, 언제, 왜, 어떻게 이주대책위를 만들어서 한수원을 대상으로 이주를 요구하게 되었는지를 정리한 것이다. 2011년 3월 11일의 후쿠시마 사고는 아무 문제 없이 살아왔던 그들의 감각을 날카롭게 만들었다. "핵발전소는 안전하다", "잘 관리되고 있다", "주민들 체내의 방사성 물질은 기준치 이하라서 괜찮다"라고 말하던 한수원의 숱한 약속들이 다양한 사건·사고들로 흔들리게 되었다. 뒤이어 "안전하게 관리한다"던 한수원 내부에서는 짝퉁 부품을 사용하는 것이 드러났고, 2016년에는 한국에서 발생한 최대 규모의 지진(규모 5.8)에 원전 네 기 모두 정지했다.

무엇보다 이주대책위의 역사를 정리할 필요성을 느낀 것은 2021년 초 삼중수소 누출 관련 국회의원 간담회에서 월성원자력본부 본부장이 주민들의 이러한 문제 제기와 비판을 그저 '주민의 감성적인 불안'에서 비롯된 것이라고 치부한 데서 시작된다. 한수원에 대한 주민들의 이주 요청과 비판은, 스스로

가 이미 갑상선암 수술을 받았고, 자신의 다섯 살 손자 몸속에서 어른보다 더 높은 수치의 삼중수소가 발견된 현실에 근거하며, 조상 대대로 400년이 넘도록 살아온 고향을 버릴 수밖에 없는 안타까움에서 비롯되었다. 감성적인 것, 무지한 것 혹은 비전문가의 근거 없는 불안이 아닌, 그들이 매일 매 순간 맞닥뜨려야 하는 위험과 불신 그리고 몸에 새겨진 질병 등 구체적인 현실에 근거한 싸움이라고 볼 수 있다.

72가구로 시작했던 이주대책위에서 현재 활발하게 활동하는 주민은 십여 명이 채 안 되지만, 그들은 지난 8년간 이주대책위의 주장을 '쓸모없는 것'으로 여기는 한수원, 정부 혹은 언론과 싸우면서 대책위와 농성장을 지켜 왔다. 그들은 말한다. 핵발전소 근처에 사는 것은 "죽은 것이나 다름없고, 죽음 앞에 선 느낌"이기에 상여를 끄는 것이라고. 대책위의 역사, 활동을 정리하기 위해 언론 기사, 기자회견문을 비롯한 다양한 자료들을 참고하였지만, 주민들과의 인터뷰를 통해 그들의 생각, 일상을 구체적으로 이해할 수 있었다. [표 1]은 내가 언제, 어디서 누구와 만났는지를 정리한 것이다.*

---

* 그중에서도 황분희 부위원장과 유독 많은 인터뷰를 했던 이유는, 그가 대책위의 다양한 행사와 활동에 참여하여 직접 발언하거나, 이주대책위에서 기자회견과 언론 취재를 담당했기 때문이다. 또한, 이주대책위 역사를 정리하기 위한 인터뷰

[표 1] 인터뷰 참여 주민

성명 (직함)	인터뷰 날짜와 진행 시간	장소	마을
김진일 (대책위 위원장)	2021년 3월 15일(1시간)	자택	나산리
황분희 (부위원장)	2021년 2월 2일(3시간), 2월 9일(2시간), 3월 9일(3시간 30분), 3월 25일(1시간 30분), 5월 14일(1시간 30분), 6월 2일(2시간), 6월 30일(2시간 30분)	자택	나아리
김정섭 (전 위원장)	2021년 4월 22일(2시간)	농성장	나아리
김진선 (회원)	2021년 2월 9일(2시간), 3월 26일(1시간 30분)	자택	나아리
성혜중 (회원)	2021년 4월 6일(1시간 30분)	자택	나아리
신용화 (사무국장)	2021년 3월 20일(1시간 30분)	카페	나아리

를 진행하면서 추가로 황분희 부위원장의 '구술생애사' 작업을 하였기 때문에 한
두 번 만났던 다른 주민들에 비해 많은 인터뷰를 하였음을 밝힌다. 인터뷰를 통
해 이주대책위의 역사만이 아니라 황분희 부위원장의 개인사에 대해서도 깊이
이해하게 되었다. 인터뷰는 주민들의 동의하에 녹음하였고, 이후 정리한 녹취록
을 바탕으로 본문을 작성하였다.

월성에 대하여 — 사라진 지명으로서의 월성과 '월성'핵발전소

1955년 경주군 경주읍이 경주시로 승격하면서, 경주군의 잔여 지역을 월성군으로 개칭하였다. '월성(月城)'은 제5대 파사 이사금 22년에 월성을 쌓고, 금성에서 이곳으로 도성을 옮겼다는 『삼국사기』 기록에서 유래하였다. 이후 1989년에 월성군이 경주군으로 이름을 다시 변경하고, 1995년 대대적으로 행정구역을 통합하는 과정에서 월성군은 경주시와 합쳐져 통합 경주시가 출범하였다(양남면사무소 홈페이지 참고). 현재 '월성'이라는 지명은 사라졌지만, 과거 월성군 양남면에 건설되었던 월성핵발전소는 여전히 월성이 살아 숨 쉬고 있음을 말해 주고 있다.

경주에는 현재 총 6기의 핵발전소가 있다. 가압중수로인 월성 1, 2, 3, 4호기와 가압경수로인 신월성 1, 2호기이며, 월성 1호기는 고리 1호기에 이어 2019년 12월 24일에 영구정지되었다. 월성 1호기는 1975년 5월 3일 기초 굴착 공사를 착공하여, 1982년 12월 31일 시험 발전을 하였고, 1983년 4월 22일 상업운전을 시작하였다. 월성 2호기는 1991년 10월에 착공하여 1997년 7월에 상업운전을 시작했고, 월성 3호기는 1994년 3월에 공사를 시작하여 1998년 7월에 상업운전을 시작했다.

월성 4호기는 1994년 7월에 착공하였고, 1999년 10월에 상업 운전을 하였다. 착공부터 상업운전까지 월성 1호기가 8년, 월성 2호기는 6년, 월성 3호기는 4년, 월성 4호기는 5년이 걸렸는데, 이를 통해 준공 기간이 점차 짧아지는 것을 알 수 있다(한국수력원자력 홈페이지 참고).

월성 1~4호기는 대한민국에서 유일한 가압중수형, 즉 중수로형 핵발전소이다. 다른 핵발전소들처럼 경수로형 핵발전소인 신월성 1, 2호기와 가장 큰 차이점은, 중성자 감속재로 일반물(H_2O)보다 무거운 중수(D_2O)를 사용한다는 것이다. 이상헌 외(2014)가 쓴 『위험한 동거』에 의하면, 중수가 중성자와 반응하면 베타선을 방출하는 삼중수소를 생성하는데, 물론 경수로에서도 삼중수소가 발생하지만, 중수로에서는 약 10배까지 더 많이 생성된다고 한다.

수소의 방사성 동위원소로 한 개의 양성자와 두 개의 중성자로 이뤄진 삼중수소는 반응성이 매우 높고 주변을 둘러싼 물질과 화학적으로 결합하려는 성향이 크다. 특히 삼중수소는 산소와 즉각적으로 결합하여 삼중수소화된 물을 형성하는데, 이 물질이 체내로 흡수되면 삼중수소가 발하는 방사선이 주변 세포에 즉시 흡수되어 생물학적으로 돌연변이 발생률을 더 높일 수 있는 위험한 물질이다.

또한, 중수로는 연료로 천연우라늄을 쓰는데(경수로 연료는 농축우라늄), 핵발전소를 가동하는 중에도 거의 매일 연료를 교체해야 한다는 특징이 있다. 2017년 7월 기준으로 경수로 원전 20기, 중수로 원전 4기가 가동되었는데, 방출된 사용후핵연료는 총 15,000톤이며, 경수로 사용후핵연료는 7,000여 톤, 중수로 사용후핵연료는 8,000여 톤으로 더 적은 수의 중수로에서 더 많은 양의 사용후핵연료가 발생하였다(이찬복, 2018). 다발로 환산하면, 2021년 3사분기 사용후핵연료 저장 현황(경수로 23기, 중수로 4기)은 경수로에서는 현재 저장량이 20,724다발이지만 중수로는 154,676다발로, 역시 중수로에서 더 많은 양이 생성되었다(한국수력원자력, 2021).

핵발전소 여섯 기는 경상북도 경주시 양남면과 문무대왕면(과거 양북면)에 자리 잡고 있는데, 월성 1, 2, 3, 4호기는 양남면 나아리와 나산리에, 신월성 1, 2호기는 문무대왕면 봉길리에 있다. 양남면은 경주시의 동남단 동해안에 위치하며 경주에서 42킬로미터의 거리에 있다. 토함산맥 동남쪽, 동대산맥이 끝나는 양지바르고 아늑한 곳으로, 동쪽은 동해 바다, 서쪽은 외동읍, 북쪽은 문무대왕면, 남쪽은 울산광역시 북구 강동동의 신명과 접하고 있으며, 면적은 84.3제곱킬로미터이다. 특히 양남면은 핵발전소가 인접한 감포읍, 문무대왕면과 함께 동경주

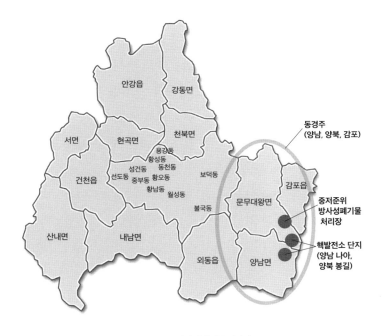

[그림 2] 경주시에 위치한 핵발전소 단지와 방사성폐기물 처리장.

로 불리기도 한다(양남사랑동우회, 2008). 양남면은 2020년 11월 23일 기준으로 총 3,443세대(6,281명)가 살고 있으며, 15개 법정리에 22개 행정리가 있다.

그중 나아리(402세대, 717명)는 읍천리(746세대, 1,533명), 하서리(600세대, 1,046명)에 이어 세 번째로 인구수가 많으며 핵발전소에서 가장 가까운 마을이다. 나아리는 70년 이후로 다수 호기의 핵발전소가 들어서면서 장아, 모포, 송하마을이 사라지고 그곳에 살던 주민들은 이주하였다. 현재는 옛 수아(收兒)*라는 이름의 마을만이 나아리에 남아 있음에도 불구하고 여전히 규모가 큰 마을에 속한다(양남면사무소 홈페이지 참고). 현재 나아리의 옛 모습은 거의 없고, 핵발전소가 건설된 이후 농업보다 상업을 생업으로 하는 주민이 많다. 이들은 원자로 기준 914미터(거주제한구역)의 밖에 살지만, 여전히 핵발전소가 보이는 가장 가까운 곳에 살고 있다.

이렇게 지명으로서의 월성은 사라졌지만, 월성핵발전소는 주민들과 함께 40년을 살아왔다. 다음 장에서는 핵발전소 '안전 신화'가 공고했던 이 마을에서 왜, 어떠한 이유로 마을 주민

---

* 신라 석탈해왕을 거두어 들인 곳이라 하여 수아 또는 수애라고 불렀으며, 나아천의 남쪽에 있는 마을이라 하여 수남이라 부르기도 한다(양남면사무소 홈페이지).

들이 한수원이 만든 이 신화에 조금씩 균열을 냈고, 결국엔 대책위를 만들 수 있었는지 그 과정을 설명할 것이다. 이 책은 김우창이 『탈핵신문』에 쓴 연재 기사(「그들은 왜 상여를 끄는가 — 월성핵발전소 최인접지역 주민들의 7년간의 분투」)와 『구술사 연구』 12권 2호에 투고한 논문(「그들은 왜 상여를 끄는가 — 월성원자력발전소 최인접지역 주민들의 '느린 폭력' 드러내기」)을 수정·보완하여 작성하였으며, 8개월여의 현장연구는 '숲과나눔 인재양성 프로그램: 4기 특정주제연구자'의 지원으로 이루어졌음을 밝힌다.

참고 문헌

김우창(2021), 「그들은 왜 상여를 끄는가 — 월성원자력발전소 최인접지역 주민들의 '느린폭력' 드러내기」, 『구술사 연구』 12권 2호, 139~189.

김우창(2021), 「그들은 왜 상여를 끄는가 — 월성핵발전소 최인접지역 주민들의 7년간의 분투」, 『탈핵신문』, 「나는 왜 월성을 연구하나」(6월), 「자신들의 장례식과 핵발전소 장례식을 치르며 싸운다」(7월), 「창살 없는 감옥에서 이주를 요구하다」(8월), 「보이지도 냄새도 나지 않던 위험을 마주하다」(9월), 「삼중수소를 드러내는 과정에서 맞닥뜨린 불편한 진실」(10월), 「5.8 지진이라는 불안 속 희망 하나」(11월), 「피해자는 있지만, 책임자는 없다」(12월).

양남사랑동우회(2008), 『양남향토사』, 글밭출판사.

이상헌·이보아·이정필·박배균(2014), 『위험한 동거 — 강요된 핵발전과 위험경관의 탄생』, 서울:알트.

이찬복(2018), 「사용후핵연료 특성 및 관리 방안」, 『원자력산업』 2018년 1월호, 64~73.

경주시 홈페이지(https://www.gyeongju.go.kr).

양남면사무소 홈페이지(https://www.gyeongju.go.kr/village/yangnam/index.do).

한국수력원자력 홈페이지(사용후핵연료 저장 현황 자료).

1장

핵발전소 최인접 마을에서
산다는 것의 의미

월성핵발전소 최인접 마을에 살다

이 마을에서 신라 4대 석탈해왕(昔脫解王)을 어렸을 때 거두어들였다고 하여 '나라의 큰 아이가 태어난 곳'이라는 의미를 가진 '수아(綬兒)' 또는 '나아(羅兒)'라 불렸으며, 자연부락을 합한 동명을 나아리(羅兒里)라고 하였다(양남사랑동우회, 2008). 탈해왕은 이 마을에서 어린 시절을 보냈고 남해왕의 부마가 됐다가 유리왕에 이어 신라 4대 왕위에 올랐다(『경북신문』 2020. 6. 25).

나아리는 1970년대 이전에는 전형적인 농촌과 어촌으로 형성되어, 농촌에서는 벼농사를 주로 하며, 한우와 양돈, 채소 재배를 부업으로 생활해 왔다. 감나무·엄나무·산나물을 재배·판매하여 생활에 도움을 받기도 하였다. 그러나 월성핵발전소가 들어온 지금의 나아는 상권이 활발하며, 특히 식당·주점 등의 업종이 많아졌다(양남사랑동우회, 2008). 이곳을 처음 방문하는 이들은 지나치기 쉽지만, 핵발전소가 근처에 있다는 것을 알려 주는 표식들이 마을 곳곳에 제법 있다. 나아리 마을 도로에는 빨간 선과 함께 '한수원 경계부지'가 적혀 있다. 또한, 원자로에서 914미터 떨어진 곳에는 일반인의 출입이나 거주의 제한을 명할 수 있다는 내용의 팻말들이 박혀 있고, 이 구역을 경계로 나아리에는 녹색 펜스가 둘러쳐져 있다. 이 펜스는 제한구역(EAB) 안쪽(월성핵발전소)과 바깥쪽(나아리)을 구분하지만, 핵발전소로부터 발생할 수 있는 사고와 위험들이 이 펜스 바로 앞에서 멈출지는 누구도 장담하지 못한다. 그 녹색 펜스 바깥, 915미터부터는 주민들이 운영하는 각종 음식점과 상점이 있고, 조금 더 떨어진 (핵발전소로부터의 거리가) 1킬로미터 부근에는 나아리 마을이 있다. 그들에게 월성핵발전소는 무엇이고, 최인접 마을에서 핵발전소와 함께 산다는 것은 무엇을 의미할까?

정수희(2011)는 「핵산업과 지역주민운동 — 고리지역을 중심으로」라는 제목의 학위 논문에서, 고리핵발전소가 처음 건설될 때 지역 주민들은 '굴뚝 없는 공장'을 환영하며 "지역이 발전할 것이라고 기대했다"고 지적했는데, 월성도 이와 크게 다르지 않았다. 나아리에서 평생을 살아온 주민이나 뒤늦게 정착한 사람들 누구도 핵발전소를 '위험한 것'이라고 생각하지 못

[그림 3] 한수원이 설치한 제한구역 알림판과 914미터(제한구역, EAB) 경계를 의미하는 녹색 펜스. (김우창 촬영, 2020.12.10)

했다. 국가, 한수원만이 아니라 언론과 교과서에도 핵발전소
는 '안전하고 깨끗한 에너지'라고 설명했기 때문이다. 특히 마
을 발전과 일자리 창출을 강조한 한수원의 말마따나, 월성 1호
기를 지을 때 지역 주민 대다수가 "호미, 대야로 파서 나르는 등
터파기 작업에 참여하였다"고 김진선 씨는 설명했다. 초기에
는 장비 대신 손으로 하다 보니 (발전소) 한 기를 완공하기까지
10년 가까이 걸렸고, 특히 핵발전소 직원들은 오지에 갇혀 꼼
짝을 못 해 이곳에서 사 먹고 뭐든 구입했기 때문에 지역경제
도 성장하는 듯 보였다.

원자력이 1호기 하고 상당히 있다가 2호기, 3호기 하고 했거든.
1호기 하는 데 10년 넘게 걸리더라고. 처음에는 그만이 오래 걸
렸다. 근데 전부 장비가 없고 손으로 많이 하니까 그렇게 시간
이 걸렸고. 요즘은 4~5년이면 다 하잖아. 전부를 장비로 하니까
그 차이가 나고. 무엇보다 여기가 당시에는 오지다 보니까 서울
서 대학 졸업하고 일로 발령을 받아서 원자력에 들어오면 나가
지도 들어가지도 못하고 꼼짝을 못 하는 거야. 여기서 사 먹고 뭐
든 구입하고 자고 다 해야 되는 거야. 교통이 불편해서 밖으로 나
갈 수 없으니까. 그러다 보니까 장사하는, 영업하는 사람들은 돈
을, 그 당시에는 많이 벌었지. 뭐든지 하면 다 됐으니까. (김진선,

핵발전소를 건설하고 운영하는 한수원의 경험이 쌓일수록 10년 넘던 준공 기간이 반으로 줄었고, 도로가 확장되었다. 핵발전소 직원들은 나아리에만 머물지 않고 경주 시내, 포항과 울산에서 통근하거나 필요한 것들을 외부에서 사 왔고, 주민들이 체감하는 발전도 조금씩 둔해지기 시작했다. 그런데도 핵발전소에 대한 마을 주민들의 안전 신화는 흔들린 적이 없었다. 1986년 4월 26일 체르노빌 핵발전소 사고가 났지만, 황분희 씨는 "너무 멀리에서 벌어진 사건이라 와닿지 않았다"고 말했고, 한수원 역시 주민에게 "구소련의 열악한 기술 때문에 사고가 난 것"이라고 설명하면서 국내 핵발전소의 안전성을 강조했다고 한다.

나아가 1980년대에 한수원은 자체 예산을 편성해 각종 지원사업을 벌이기 시작했고, 1989년 '발전소주변지역 지원에 관한 법률'이 생긴 이후 지역에 본격적으로 지원하기 시작했다. 한수원으로부터 확보한 '2016~2021년 월성원자력본부 승인사업목록'에 따르면, 교육이나 환경개선 등 교육 장학 지원사업이나 비상소화장치 설치, 소화기 보급 등 '주변 환경 개선사업' 등에 사업자지원사업비를 쓰기도 했지만, 해마다 적지 않은 비용이 '주상절리 걷기대회', '한마음 축제', '문무대왕 문화제'나 동네 잔치 등 크고 작은 일회성 행사에 지원되었다. 이 외에도 월성핵발전소로부터 받은 광고비(인쇄광고와 방송광고)와 후원비(지역사업 토론회 및 행사 지원, 협찬 등) 내역에 의하면, 해마다 많게는 6억 5천여만 원(2019), 적게는 5천 6백여만 원(2017)을 지출하였고, 2011년부터 2021년 5월까지 지난 10년 동안 40억 4천 5백여만 원을 지역에 지원하였다. 이렇게 한수원의 영향력이 강력하게 미치는 상황에서 주민들이 핵발전소의 위험성에 대해 의심하고 적극적으로 비판하는 것은 쉽지 않았다.

그들에게 월성, 나아리란 무엇인가

현재 대책위는 초기 72가구에서 시작하여 현재 10여 가구만이 남아서 매주 상여시위를 하고 있다. 그렇다면 그들은 어떻게, 언제부터 나아리에서 살게 되었을까. 대책위 회원 중 대표적인 주민들과의 인터뷰를 통해 그들이 왜, 어떻게 이곳에 살게 되었는지, 얼마나 나아리를 사랑하는지를 알 수 있었다.

상여시위에 매주 참여하는 김진선 씨와 김진일 씨(위원장)

형제는 나아리와 나산리에 산다. 그들에게 이 마을이 특별한 이유는 1592년 4월에 입향선조가 터를 잡은 이후 조상들이 400년 이상 살아왔기 때문이다.

> 김문기, 단종 복위 운동하다가 우리 할아버지가 그 참사를 당했잖아. 그래서 원래 옥천에 할아버지가 세거지(대대로 살아왔던 고장)가 거기인데, 참 이조판서 이래 그 우리 할아버지는 문관도 되고 무관도 되고 두 개를 겸해서 했는데 하루아침에 종으로 전락했잖아. 그래 할아버지하고 할아버지 아들하고는 거기서 참사를 당하고 그 밑에 자손은 종, 노비로 전부 다 전락을 돼버렸는데, 그래서 종으로 살면서 5대까지 살았지. 남자는 태어나서 12세까지는 종으로 입적을 안 하고 어리니까 노동이 없거든. 근데 12세가 넘으면 종으로 입적을 해야 하거든. 그래서 입적되기 전에 도망을 보낸 기야. 그래야 살 수 있으니까. 그때 아들 너이(넷)를 피신시킨 거야. 그래서 여기로 오게 됐어. 1592년 임란, 임진왜란 때라. (김진선, 2021년 2월 9일 인터뷰 중)

김씨 추용공파 14대 손인 김진선 씨에게 이 마을은 조상들이 대대로 살아온 의미 있는 장소이자 아름다운 바다가 지척에 있는 살기 좋은 마을이었다. "바닷가엔 아름답고 큰 소나무와 바위가 있었고, 특히 전복, 소라 등 해산물이 훌륭했다"며 핵발전소가 들어서기 전의 아름다웠던 바다를 기억했다.

안동이 고향이고 결혼 후 오랫동안 울산에서 거주했던 황분희 씨(부위원장)는 남편의 좋지 않았던 건강을 염려하여 공기 좋은 이 마을에서 3년만 몸을 추스르고 나가려고 했다.

여기 이사 오게 된 것은 우리 아저씨가 현대중공업에 다녔어. 그때는 정말 회사에 살아야 돼. 깜깜할 때 나가서 저녁에 깜깜할 때 들어오고. 우리 아저씨가 총반장이라고, 반장 위에 작업자 중에서는 최고였거든. 자기 밑에 반장들하고 직원들하고 200명 정도가 있었어. 정말 회사 다니면서, 그때는 철판으로 배를 만들려면 전부 재단을, 도면을 뜨잖아. 그걸 잘못하면, 한 번 잘못해 버리면 엄청난 손해가 나는 거야. 그러니까 아저씨 성격이 굉장히 예민하거든. 정확하게, 오작 안 내고 그걸 만들어. 그렇다 보니 스트레스를 받잖아. 건강이 안 좋아지는 거라. 어떤 병이 있는 것이 아니고, 스트레스가 심해서. 사람이 살이 빠지고, 음식을 잘못 먹으면 식중독 같은 게 오고, 면역력이 떨어지더라고. 그래서 병원에 가니까 스트레스 안 받고 해야 한다. 이대로 하면은 안 된다. (황분희, 2021년 2월 2일 인터뷰 중)

그녀는 "걸어서 5분 거리의 바닷가에는 해당화가 피어 있고, 집 앞에는 아름드리 소나무들이 있어서 지상낙원이었거든. 나는 안동이 고향인데, 바다를 안 보고 살다가 여기 오니까 너무 좋은 거야"라고 말했다. 당시 축사도 잘되고 남편의 건강도 좋아져서 황분희 씨 가족은 아예 이곳에 살기로 했다. 이곳에서 "애들 키우고 살면 너무 좋겠다"는 희망을 품고 자식, 손주들과 함께 살며 축사를 없애고 그 자리에 가족들이 먹을 과일을 키우기 시작했다. 황분희 씨가 이곳에 정착한 것은 체르노빌 사고가 났던 1986년이며, 36년째 이곳에서 살고 있다.

성혜중 씨는 고인이 된 처남이 양남면 하서리에서 장어집을 운영하고 있었는데, 대학교를 졸업한 아들이 그곳에서 일을 배우고 싶어 했다. 당시 IMF가 지나고 어려운 시절이었지만 부산에서 성공적으로 사업을 운영하고 있었던 그는 아들에게 꼭 하고 싶냐고 물었다. "무조건 배우고 싶다"는 아들의 단호한 말에 집을 찾았고, 현재 그가 사는 집이 매물로 나와 있었다.

나아리에 이 집이 매물로 나와 있는 거야. 그게 한 15~16년 전이지. 그래서 이걸 매입을 했어요. 나는 부산에 집이 있고 사업도 그대로 하고 있었거든. 아들을 위해 집을 지었는데, 삼층집이라서 그냥 살림집으로만 쓰기가 그런 거야. 그래서 여기에 아예 고깃집을 차려서 했지. 처음엔 사람이 많이 오니까 관리가 전혀 안 되는 거야. 그래서 부산 집은 전세를 주고, 여기로 왔어. 시작했는데, 대단하더라고. 매일 300~400명씩 오는데, 참 좋더라고. (성혜중, 2021년 4월 6일 인터뷰 중)

물론 이곳에 이사를 오게 되고 고깃집을 운영하게 된 것은 아들 때문이었지만, 성혜중 씨는 현재 그가 사는 이 집이 좋다고 말했다. 삼중수소의 내부피폭 문제나 2016년 경주에 발생한 5.8 지진 이후 이곳에 사는 것이 불안하여 집을 내놓긴 했으나, "나는 우리 집이 정말 좋거든. 특히 전망이 너무 좋아. 내 생각에 대한민국에서 제일 좋은 것 같아. 바다도 보이고 산도 있고. 그래서 어떨 때는 집이 안 팔렸으면 좋겠어. 누군가가 세만 들어서 살아만 준다면, '너희가 1층이나 2층에 살아라, 우린 3층 살고 싶은데'. 그게 될진 모르겠어. 이 창문에서 하늘 보이지, 바다 더 멀리 보이지. 전망이 이렇게 좋은 곳이 없어"라고 말했다.

각기 다른 이유로 나아리에 이사를 와서 살고 있지만, 그들의 공통점은 핵발전소의 존재나 위험성을 잘 몰랐다는 것이다. 혹여 핵발전소가 마을과 가까운 곳에 있다는 것을 알았다고 하더라도 "그래도, 당시에는 크게 문제라고 생각하지 않았을 거야. 그때도 한수원은 우리 원전은 깨끗하고 마을을 발전시켜 줄 것이라고 홍보를 했을 것"이라고 황분희 씨는 말했다.

누구도 평범한 일상과 행복에 이미 불안과 위험이 도사리고 있는 줄 몰랐지만, 최악의 사고가 후쿠시마에서 터졌다. 2011년 봄 이후 이곳은 더 이상 '나의 살던 아름다운 고향'이 아니었고, 가족들과 함께 행복하게 살려던 누군가의 꿈도 사라졌다. 후쿠시마 사고 이후 일본을 포함한 전 세계의 분노와 절규 그리고 절망은 이 작은 마을까지 와닿았고, 주민들의 관심과 참여를 촉발하였다. 주민들은 월성원전 인접지역 주민이주대책위원회를 구성하여 "안전하게 관리되고 있다"던 한수원의 안전 신화에 조금씩 균열을 내기 시작한 것이다.

이주대책위가 만들어지기까지
— 후쿠시마 사고부터 국내 핵발전소 비리까지

2011년 3월 11일, 후쿠시마 핵발전소에서 일어난 폭발 사고는 이들의 생각을 송두리째 바꾸었다. 김진선 씨는 "지금도 가끔 원자폭탄 터지듯이, 빵빵 터지는 것처럼 격납용기에서 소리가 나거든. 압력이 높아지면 그거를 낮추려고. 후쿠시마 전에는 그거를 불꽃놀이 보는 것처럼 옥상 가서 봤거든. 막 박수 치면서. 그땐 몰랐지, 그게 얼마나 위험한 거였는지. 근데 후쿠시마 사고가 나고 뉴스로 실시간으로 돔이 터지는 걸 보니까, 아, 우리도 터질 수 있다. 좋은 게 아니구나. 이 동네에서 더는 못 살겠다"라고 말했다. 황분희 씨도 후쿠시마 사고가 나기 전까지는 한수원을 비판할 이유가 없었다고 말했다.

아니 우리가 (한수원을) 비판하거나 반박할 이유가 없잖아. 왜? 한수원에서 항상 원자력은 깨끗하고 좋은 에너지고 다 좋다고 하니까. 뭐 환경(단체)이 여기 와서 할 일이 없는 거야. 무슨 뭐 여기에 쓰레기장이 들어온다고 하면 여기 들어오면 안 돼, 이러지만. 원자력은 뭐가 보여야 말을 하지. 우리가 아무것도 느낄 수도 없고, 볼 수도 없고, 아무것도 할 수가 없으니까. 그냥 그렇다 하면 그런 걸로 믿고 산 거야. 아무 군소리 없이 산 거지. (황분희, 2021년 2월 9일 인터뷰 중)

황분희 씨는 "한수원은 깨끗하고, 안전하다 늘 말해 왔거든. 우리는 그걸 믿고 살아왔지. 근데 티비에서 검은 연기가 나고 해일이 치는 걸 보는데 뭘 처음 느꼈냐면, 아무리 안전해도 핵발전소가 위험한 거구나"라고 생각했다. 이들 외에도 대책위의 전 위원장 김정섭 씨와 현 위원장 김진일 씨 모두 후쿠시마를 언급하였다. 주민들의 우려가 후쿠시마 사고 이후로 조금씩 나오기 시작한 것이다.

우리도 깨끗한 줄 알았다고. 우리 무식한 사람이 방사능이 뭔지, 삼중수소가 뭔지 모른다 아이가. 후쿠시마 전에도, 내용은 잘 몰라도 말은 듣긴 했었지, 방사능이 뭔지 삼중수소가 뭔지. 후쿠시마 때문에 워낙 떠들어서 우리도 알게 됐지. (김정섭, 2021년 4월 22일 인터뷰 중)

당시 농협조합장님이 원전 근처에서, 특히 후쿠시마 사고가 터지고, 이곳이 사람이 살 곳이 아니라고 나한테 이야기를 하더라고. 전망이 없다고. 근데 지금 이 마을이 그렇잖아. 가장 안타깝게 생각하는 건, 들어올 사람도 없겠지만, 내가 죽고 나면 내가 지금까지 이뤄 놓은 것들이 아무 쓸모없이 돼 버린다는 거야. 그것이 가장 안타깝고, 그래서 과연 이곳은 영원히 살 곳은 아니겠다고 생각했지. 우리 자식들이 여기에 들어와 살지도 않을뿐더러, 자식들이 이렇게 위험한 곳에서 영원히 살아서도 안 되겠다, 그래서 이주를 해야 한다고 생각한 거야. (김진일, 2021년 3월 15일 인터뷰 중)

한수원은 이번에도 "우리 원전은 일본과 다르다. 우리 기술이 더 우수하다"고 설명했지만, 예전과는 다르게 이 말의 효과는 떨어졌다. 무엇보다, 후쿠시마 사고가 난 이후 많은 언론사가 마을에 방문하였고, 핵발전소 사고나 위험성에 대한 기사를 썼다. 그중 한 기자가 황분희 씨에게 지금까지 한수원이 들려준 것과 다른 이야기를 하였다. "한수원은 지금까지 중수로는 경수로와 다른 점이 없다고 했고, 방사성 물질도 전혀 나오지 않는다고 말했거든? 근데 인터뷰를 끝낸 뒤 한 기자가 이렇게 말하는 거야. 중수로는 경수로보다 더 무거운 중수를 냉각재로 써서 다른 핵발전소와는 다르고, 후쿠시마, 체르노빌처럼 사고가 나지 않더라도 액체, 기체 상태의 방사성 물질이 매일 나온다"는 말을 처음으로 들었다. 후쿠시마 사고는 직간접적으로 주민들이 지금까지 몰랐던 것들을 하나씩 알려 주고 있으며, 이러한 앎이 많아질수록 한수원에 대한 믿음은 더 크게 흔들리기 시작했다.

설상가상으로 2012년, 2013년엔 안전을 담보해야 하는 한수원 내부에서 원전 부품 비리 사건이 터지기 시작했다. 시험 성적서가 위조된 부품이 10년간 대량 공급되었고, 뇌물 수수, 위조, 입찰 담합 등이 확인됐다. 2013년 6월부터 2015년 11월까지 106건의 원전 비리 재판 결과, 68명이 실형을 받았고 이들의 형량을 합치면 징역 253년 9개월이며 추징금은 48억 9400만 원에 달한다(『중앙일보』 2015. 11. 27). 이에 김정섭 씨는 "아니, 내 집을 지어도 부실 공사를 안 하려고 하는데, 하물며 원자력인데. 사고가 나서도 안 되겠지만, 여기에 짝퉁 부품을 쓰는 게 말이 되냐 말이지. 특히 월성은 중수로라서 삼중수소가 제일 많이 나오고 사고도 제일 많이 난 데야. 근데 우리 주민은 하나도 모른다는 거지"라고 비판했다. 황분희 씨 역시 후쿠시마 사고에 이어 한수원이 위조 부품을 쓰는 등, 더는 핵발전소와 함께 사는 것은 너무 불안해서 대책위를 만들게 되었다고 말했다.

후쿠시마 사고에 이어서 위조 부품 비리들이 계속 나왔어. 아니, 원전이 이렇게 위험한데 말이 안 되잖아. 가짜 부품을 사용했다는데, 2014년부터 우리는 못 살겠다고 주장하기 시작했지. 안전에 너희가 신경을 안 쓰니 우리는 못 산다. 방사능도 나오고, 안전하게 관리된 깨끗한 에너지가 결국엔 아닌 거잖아. 그리고 폭발하는 거 봐봐. 이 위험한 곳에 짝퉁, 위조 부품 쓴다는 게 말이 안 되잖아. 결국 돈 적게 쓰려고 그런 거 아니야, 자기네들끼리. 국민의 생명과 안전을 생각한 게 아닌 거잖아. 그래서 주민들이 이주시켜 달라고 떠들기 시작한 거지. (황분희, 2021년 2월 9일

인터뷰 중)

또한, 한수원 직원이 근무시간에 마약을 하는 등 후쿠시마 사고 이후 한수원은 핵발전소를 안전하게 관리하는 모습을 보이기보다는 주민들에게 불안과 불신을 자초하였다. 양라윤 (2017)은 「원전 주변지역 주민들의 위험 인식과 대응 ― 영광 원전 주변지역 사례를 중심으로」라는 논문에서 주민들은 원전 위험에 대해 상이한 반응을 보여 주지만, 일부 주민들의 경우에는 핵발전소 내부에서 직접 일했던 경험이 한수원과 핵발전소를 더 신뢰할 수 있고 안전한 곳이라는 확신을 주었다고 설명하였다. 그러나 황분희 씨의 경우는 달랐다. "내가 젊었을 때, 예방 정비하는 데 들어갔거든. 두 달 하면 딴 데보다 돈이 더 많으니까. 원자력에 대해서는 아무것도 몰랐고, 사실 방사능에 오염되는지도 모르고 갔어. 한번은 점심시간에 친한 직원이랑 발전소 구경하러 갔는데, 부품 하나하나가 너무 크고 많더라고. 수백만 개가 넘는다는데, 그 부품을 어떻게 다 관리할까, 그땐 참 신기했거든. 근데 짝퉁 부품을 썼다고 하니까, 내가 정말 기절할 뻔했어. 국민, 주민의 안전을 생각 안 하고, 돈 적게 쓸라고, 자기들 주머니에 넣으려고 그렇게 한 거 아니야?"라고 힐난했다. 이렇듯 후쿠시마 사고와 연이어 터진 국내 원전 비리를 겪으면서 2014년 8월 25일, 나아리와 나산리 주민 72가구가 월성원전 대책위를 만들었다. 한수원의 안전 신화 속에서 살아왔던 주민 중 일부가 조금씩 균열을 내기 시작한 것이다.

참고 문헌

『경북신문』, 「신라 탈해왕 어린시절 보낸 월성원전 소재마을 나아리」, 2020. 6. 25.

『뉴스타파』, 「씨줄과 날줄, 핵발전의 거시사와 월성 주민의 미시적 삶이 만날 때」, 2019. 12. 12.

양남사랑동우회(2008), 『양남향토사』, 글밭출판사.

양라윤(2017), 「원전 주변지역 주민들의 위험 인식과 대응 — 영광원전 주변지역 사례를 중심으로」,
　　　『동향과 전망』 99, 122~163.

정수희(2011), 「핵산업과 지역주민운동 — 고리지역을 중심으로」, 부산대학교 석사학위 논문.

『중앙일보』, 「지난해 원전비리 재판, 68명 실형 총 253년 9개월 받아」, 2015. 11. 27.

한수원, 「2016~2021년 월성원자력본부 승인사업목록」 정보공개청구자료.

한수원, 「4개 원전 광고비, 지역사업 후원협찬」 정보공개청구자료.

2장

그들은 왜
상여를 끄는가?

안 해 본 것 없고, 안 가 본 곳 없고, 안 만나 본 사람이 없는 그들

핵발전소에 관심을 두지 않고 살아왔던 주민들은 2011년 후쿠시마 사고와 2012년 국내 짝퉁 부품 비리 사건 이후 깜짝 놀랄 수밖에 없었다. 마을 내부에선 그동안 제기되지 않았던 월성핵발전소의 안전성을 의심하기 시작했고, 몇몇 주민들은 이주를 보장받기 위한 서명을 받기 시작했다.

처음에 서명을 받기 시작한 건, 2011년에 후쿠시마 사고가 나고 그 뒤로 일 년간 매스컴에서 짝퉁 부품이니 불량 부품을 썼다고 계속 떠들더라고. 사실 그전에는 원자력이 공해나 소음 없이 깨끗하다고 생각했거든. 근데 하루에 두 번씩 그렇게 뉴스에서 떠드니까, 뭐라도 해야겠더라고. 사고가 난 뒤로 부동산 거래가 아예 안 돼서 팔고 나가서 살 수도 없어. 그래서 일 년 가까이 내가 서명을 직접 받으러 다녔거든? 근데, 동네 사람 열에 일고여덟은

'왜 이걸 지금에서야 하냐'고 하더라고. 다들 말을 안 해서 그렇지 걱정을 하고 있었던 거지. 조금 일찍 시작하지 그랬냐고 말하는 사람도 있고, 그렇게 서명을 받으면서 2014년 8월에 이주대책위를 만들었지. (김정섭, 2021년 4월 22일 인터뷰 중)

2020년 11월 기준으로 경주시 양남면 나아리 주민은 총 402세대(717명)인데, 약 6분의 1에 가까운 72세대(100여 명)가 '월성원전 인접지역 주민이주대책위원회'(이하 대책위)에 공식적으로 가입했다. 100명이 넘는 나아리 주민이 모인 대책위는 초기 30만 원의 가입비와 매달 3만 원의 회비를 통해 조직을 유지했다.

그들이 처음부터 상여시위를 했던 것은 아니다. 당시 시위에 참여하는 인원이 많아서 5개의 조로 나눠, 주말을 제외하고 매일 아침과 저녁 출퇴근길에 월성핵발전소 정문(남문)으로 난 길 양쪽에 서서 깃발을 흔들었다. 당시 대책위 위원장이었던 김정섭 씨는 "8월쯤 비가 올 때 비를 맞으면서도 했거든. 이틀인가 했는데, 그제야 본부장이 나왔어. 그래서 내가 '이 양반아, 당신네 개가 밖에서 비를 맞고 있어도, 들라게(들어가게) 해 주는데, 하물며 사람들이 당신네들 때문에 비를 전부 맞고 시위를 하는데, 얼굴 한 번 안 내보이냐'고 욕도 많이 했"을 정도로 치열하게 농성했다.

대책위를 만들고 매일 아침저녁으로 월성핵발전소 정문에서 피켓시위를 시작하면서, 주민들은 두 개의 천막을 설치했다. 하나는 현재 농성장이 위치한 인도 위에 설치하였고, 다른 하나는 월성원자력 홍보관 주차장 구석에 설치했다. 특히 하루에 50명에서 최대 100명의 주민이 아침부터 저녁까지 농성장에 머물렀기에, 수돗물을 사용할 수 있는 주차장 구석에 천막을 설치하여 국수처럼 간단한 음식을 만들어 농성에 참여한 주민들에게 대접했다.

이렇게 농성을 시작한 대책위는 처음 집회를 시작한 닷새 만인 2014년 8월 29일에 당시 윤청로 월성원전 본부장을 만났다. 특히 "이주대책을 비롯한 대책위의 요구사항을 해결하기 위해 협의체를 구성하겠다"라는 약속을 받은 뒤 집회를 해제하였으나, 협의체 구성 약속이 이행되지 않자 다시 농성을 재개했다.

이후 2014년 9월 12일에 대책위는 당시 문재도 산업부 2차관을 만났다. 대책위 30여 명은 문재도 산업부 2차관과 경주시 관계자들의 간담회가 있던 식당 앞에서 연좌 농성을 펼치며 면담을 요구했고, 극적으로 면담이 성사되었다. 대책위는 "가까운 나라 일본의 후쿠시마 원자력발전소의 사고 이후 월성원자

[그림 4] 거리에서 문재도 산업부 2차관과 면담을 하는 대책위. (사진: 경주환경운동연합 제공)

력발전소가 남의 일이 아니라는 것을 뼈저리게 느끼며 살아가고 있다. 월성 1호기의 가동을 근본적으로 반대한다. 30년 동안 배출된 삼중수소의 피해는 우리 주민이 당하고 있는데 지금까지 한 번도 피해 여부에 대한 조사나 실사를 한 적이 없다. 우리가 살고 있는 지역은 기피 지역이 되어 지가 하락, 상권 몰락 등으로 폐허가 되어가고 있다"는 내용의 「문재도 2차관님께 드리는 글」(부록 참고)을 전달함으로써 적극적인 이주대책 수립을 요구하였다. 대책위의 요구를 들은 문재도 2차관은 곁에서 수행하고 있던 윤청로 전 월성원전 본부장을 호통치며 주민과 성실히 협의하라고 주문했고, 주민들은 큰 박수로 2차관 일행을 떠나보냈다. 그러나 이후 주민과 월성원전의 협상은 진전이 없었고 대책위는 "이주에 대한 법적 근거가 없다"는 기존 한수원의 입장을 다시 들어야 했다(『탈핵신문』 2014. 12. 8).

　지역 내에서 농성을 시작했던 대책위는 이후 점점 전국적으로 자신들의 목소리를 알리기 시작했는데, 그들의 말대로 "안 해 본 것 없고, 안 가 본 곳 없고, 안 만나 본 사람이 없"을 정도였다. 월성핵발전소와 인접한 마을에 사는 주민들이 꾸린 대책위는 무엇보다 고리 1호기에 이어 가장 오래된 핵발전소인 월성 1호기 수명 연장을 반대하기 시작했다.

　2015년 2월 26일 원자력안전위원회(이하 원안위)는 '월성

1호기 계속운전 허가' 안건을 표결에 부치려고 했기 때문에, 대책위는 2015년 2월에 자주 서울에 올라가 집회를 하기 시작했다. 버스 한 대를 대절해서 서울까지 다녀오려면 적어도 100만 원이 필요했는데, 주민들은 조금씩 돈을 걷었고 또 식사 비용을 아끼기 위해 음식을 사서 먹기보다는 각자 조금씩 반찬을 가져왔다. 그렇게 서울에 올라가 원안위 건물 앞에서 '월성 1호기'의 수명을 연장시키지 말라고, '이주대책을 수립'하라고 목청껏 외쳤지만, 그들이 다시 경주에 도착하고 몇 시간 뒤 새벽에 수명 연장 건이 날치기로 통과되었다.

원안위에서는 2월 26일 오전 10시부터 27일 오전 1시까지 무려 열다섯 시간 가까이 '월성 1호기 계속운전 허가' 안건을 두고 격론이 벌어졌다. 수명 연장 반대 위원들은 "안전성 검토가 충분히 이뤄지지 않았다"고 강력하게 비판했지만 이은철 원안위원장은 오전 1시를 넘겨 표결 처리를 강행했고, 결국 야당 추천 김익중, 김혜정 위원은 항의 표시로 투표에 참여하지 않고 퇴장했다. 이은철 위원장 등 나머지 7명 모두 찬성표를 던져 결국 월성 1호기 계속운전 허가 안건은 가결됐다(『노컷뉴스』 2015. 2. 27).

이후 이러한 날치기 통과를 비판하기 위해 2015년 4월 6일 국회를 방문하여 월성 1호기를 즉각 폐쇄하라는 내용의 기자회견을 연 뒤, 4월 10일까지 서울에 머물며 산자위(산업통상중소벤처기업위원회)·미방위(미래창조과학방송통신위원회) 소속 국회의원들을 만나 대책위의 의견을 전달하였다. 대책위는 2015년 4월 25일에 경주역 광장에서 열린 '월성 1호기 폐쇄 범시민 행진'에 참여하였는데, 대책위에 소속된 나아리 주민 10여 명은 상여를 멘 채로 선두에서 범시민 행진을 이끌었다.

또한, 2015년 8월 원전 인근 주민들이 한수원을 상대로 낸 갑상선암 피해 손해배상 청구 소송의 3차 공판에서 증인으로 참석했던 크리스토퍼 버스비 박사는 직접 농성장을 방문하고 싶어 하였다. 버스비 박사는 당시 유럽방사선방호위원회(ECRR: European Committee on Radiation Risk) 과학위원장이었으며, 소송에서 "저선량의 방사선을 장기간 발생시키는 원전 주변에서는 암 발생률이 높다는 연구가 있다"고 주장하였다. 황분희 씨는 "버스비 박사님은 여기를 방문하고 싶어가 부산에서 왔는데, 방사능 계산이 잘못되었다, 피폭량에 최소 1,000을 곱해야 실제 피폭량이 된다 등을 설명했어. 사실 나는 백 프로 이해하지 못했지만 그래도 아, 이게 계산하는 방법이 잘못되었구나, 한수원이 말하는 말들이 잘못되었고, 위험하지 않다는 주장이 거짓이구나"라는 것을 깨닫게 되었다고 말했다.

이처럼 대책위는 월성핵발전소 정문 앞에서 농성을 하면서

도 중요한 행사가 있을 경우에는 참여하여 '노후 원전인 월성
1호기의 위험성'과 '이주대책 수립의 필요성'을 널리 알렸다.
이렇게 다양한 활동을 계기로 전국의 많은 연대자들이 농성장
을 방문하였고, 대책위는 전문가·활동가들과 교류하기 시작
했다.

목구멍이 포도청 — 2년도 채 되지 않아 대책위를 떠나는 사람들

이처럼 100명에 가까운 나아리 주민이 매일 출퇴근길에 피
켓시위를 통해 핵발전소의 위험성을 말하면서 이주를 요구하
거나 전국적으로 자신들의 목소리를 내기 시작했지만, 한수원
은 대책위에 크게 신경 쓰지 않았다고 말한다. 주민들은 한수
원이 오히려 "느그가 해 봐야 얼마나 가겠나? 일 년을 버티겠
나?"라는 생각으로 자신들을 무시했다고 느꼈다.

그러나 '오래가지 못할 것'이라는 한수원의 예상은 빗나가지
않았다. 처음에 모인 72가구 중 많은 주민이 "우리가 이렇게 며
칠만 데모하면, 저 사람들이 나와서 해결해 주지 않겠나?"라는
생각으로 참여했으나, 일 년이 지나도 해결되는 것이 없자 점
점 대책위에 나오는 사람들의 숫자가 실제로 줄어들기 시작한

것이다.

> 50명이 나와서 양쪽에 서서 피켓시위를 했지. 매일 나왔어. 그땐 상여시위를 한 게 아니라, 그것까진 시작을 못 했고. 50~100명이 출근 시간에 했지. 대책위에 나오는 사람 중에서 (월성원전에서 일하는) 사위가 있다, 내 아들이 거기에서 일한다, 하청에 있다고 말하면서 안 나오기 시작하더라고. 게다가 원전 앞에서 장사하는 사람들도 눈치 보느라 못 나오지. 원자력과 직접 거래해야 하니까. 그렇게 1년 만에 반이 빠지고, 2년이 지나니까 그 반이 또 빠지더라고. (김진선, 2021년 2월 9일 인터뷰 중)

황분희 씨는 다음과 같이 당시를 떠올렸다. "처음에는 같이 시위했던 사람 중에서 자식이 한수원에 다닌 경우가 좀 있었거든. 이제 그 사람들을 공격하기 시작한 거야. '너그 엄마가 반대한다며? 너희 아빠도 데모에 나온다며?'라는 식으로 말하면 이제 그 부모들은 자식이 혹시 짤리거나 내년에 계약 연장 못 할까 봐 걱정하는 거지. 그 사람들이 그런 이유로 못 하겠다는데 어쩌겠어. 우리가 그 사람들 생계를 책임져 줄 수 있는 것도 아니고. 다만, 나는 그렇게 말했지. 혹시 나중에 우리가 힘이 필요하면 그땐 꼭 힘을 보태 달라고."

자의 반 타의 반, 이것이 대책위가 줄어드는 이유를 그들 나름대로 이해한 방식이다. 누구도 그들에게 대책위를 그만두라는 말을 하지 않아도, 스스로 자신이나 가족, 심지어 자녀들의 생계에 영향을 줄 것 같아서 목소리 내는 것을 그만둔 사람들이 늘어났다. 나아리 주민들의 직업 현황을 정확하게 파악할 수는 없지만, 주민들과의 인터뷰를 통해서 적지 않은 수가 식당을 운영하거나 한수원 정규직·비정규직, 하청·재하청 등 한수원과 직간접적으로 관련이 있는 일을 하고 있다는 것을 알 수 있었다. 황분희 씨를 비롯한 대책위 누구도 그들을 탓하지 않았다. 왜냐하면 월성핵발전소가 인접한 나아리에서는 크게 농사를 짓는 사람도 없고 주민 대부분이 장사하거나 한수원에서 일하기 때문이다.

『경향신문』과의 인터뷰에서 나아리 주민은 "맥스터 건설 반대에 나선 이후 대가를 톡톡히 치르고 있다. 한수원과의 거래가 뚝 끊겼다. 도시락 단체 주문은 물론이고 단골 한수원 직원들도 발길을 끊었다"고 말했다. 이어 그는 "지원금은 법에 따라 나오는 것이고, 나는 여기 주민으로서 건강에 대한 우려를 할 수 있는 것 아니에요? 그런데 이런 목소리를 내면 한수원 소비가 끊기게 되니까 장사하는 사람들은 목소리를 낼 수가 없어요"라며 지역 내에서 월성핵발전소나 한수원에 대해 비판하는 것이 얼마나 어려운지 구체적으로 설명하였다(『경향신문』 2021. 2. 20).

결국 2014년 8월 대책위가 만들어진 지 이 년이 채 되지 않아 대책위의 규모는 절반으로 줄어들었고, 자발적 혹은 비자발적인 이유로 30가구 정도만이 남았다. 이에 대책위는 지금까지 해오던 방식의 농성이 아닌 새로운 싸움을 준비해야 했다. 100명 가까이 나와 농성을 하고 길 양쪽에 서서 피켓을 흔들며 이주를 요구하던 방식을 계속해서 유지하는 것이 쉽지 않았기 때문이다. 무엇보다 대책위는 그들의 의지를 담은 새로운 방식을 고민했고, 관과 상여를 끌기 시작하였다.

그들은 왜 상여와 관을 끌기 시작했나
— 관 위에 적어 놓은 결연한 의지

대책위의 규모가 지속해서 줄어드는 것 외에 더 큰 문제는 따로 있었다. 이주대책 요구를 단순히 '보상을 받기 위한 이기적 행동'이라고 비난하는 지역 내 세력이 등장한 것이다. 특히, 당시 경북 경주지역 새누리당 소속 정수성 국회의원은 "월성원전에서 914미터까지 보상금을 받았는데, 한 930미터 지점에 있는 사람들이 보상을 받기 위해서 행진을, 자기 이익을 위해서 반대를 하고 있다"며 대책위를 보상금이나 노리는 세력이라고 발언하였다. 이에 대책위는 2015년 9월 18일부터 정수성 의원 사무실 앞에서 피켓시위를 진행하였으며, 당시 언론의 여론조사 결과 경주 시민의 70%가 월성 1호기 수명 연장에 반대했음에도 "인근 주민들을 그저 원안위의 결정만 따르고 이의를 달지 않는 종으로 취급했다"고 정 의원을 비판했다(『중앙뉴스』 2015. 9. 22).

이렇듯 대책위가 가장 걱정했던 것, 가장 힘들었던 것은 자신들이 왜 싸우고 있는지, 무엇을 왜 요구하고 있는지를 다른 사람들이 이해하지 못하는 것이었다. '돈을 바라고 하는 것 아니냐'는 오해를 지우고, 나아가 자신들이 처한 암울한 상황과 결연한 의지를 어떻게 효과적으로 보여 줄 수 있을지 고민하였다. 매주 시위에 열성적으로 참여하는 주민이 스무 명도 채 남지 않았지만, 자신들의 의지와 진심을 담아 실제 장례처럼 관과 상여를 끌기로 하였다.*

관 위에 자신들의 직함을 적었고, 매주 자신들의 장례식을

---

* 초기에는 십여 명의 인원이 직접 상여를 멨지만, 점점 상여시위에 나오는 인원이 줄어 상여를 메는 대신 그 밑에 바퀴를 달아 끌기로 하였다.

[그림 5] 바퀴가 달린 바랜 관, '처사국장지구'(處士局長之棺, 사무국장의 관)라 적힌 관. (김우창 촬영, 2021. 4. 5)

치르듯 상여시위를 했다. 초기에는 실제 상복을 입었고 상여곡을 틀었다. 살아 있지만, 위험한 핵발전소 옆에서 사는 것은 죽은 것이나 다를 바 없다는 절박함을 담아 시위를 기획한 것이다. 또한 상여 위에 원자로 모형의 돔을 설치함으로써 자신들의 장례식과 핵발전소의 장례식을 매주 치렀다.

사는 게 죽은 것과 똑같다는 걸 보여 주고 싶었어. 지금은 어쩔수 없이 나갈 수도, 물러설 수도 없는 이런 상황에서 핵발전소 옆에서 죽지 못해 삶을 사는 것이니까. 이게 죽음이지 뭐야. 우리는 매일, 매 순간 몸에 나쁘고 위험한 방사능에 노출된 채 살고 있잖아. 그래서 예전처럼 그냥 걷거나 피켓만 흔들 게 아니라, 상징성이 있는 것을 하자고 했지. 죽음이 제일 의미가 크잖아. (황분희, 2021년 2월 2일 인터뷰 중)

성혜중 씨와 김진선 씨는 "관마다 각기 다른 직함이 적혀 있으며, 위원장, 부위원장, 사무국장, 조장과 총무 등의 직함을 실제 관 위에 적었고, 자신의 관을 직접 끌었다"고 설명했다. '처사'란 벼슬이 없는 사람, 혹은 세상 밖에 나서지 않고 조용히 살며 일반 사회를 멀리하던 선비를 뜻하는데, 김진선 씨는 "자신들이 무슨 벼슬이나 이름이 있는 사람이 아니기 때문에 스스로

[그림 6] 상여시위를 준비하는 모습. 색이 바랜 핵발전소 모형이 상여 위에 있다. (김우창 촬영, 2021. 4. 5)

를 낮춰서 처사라고 적었다"고 강조했다.

관과 함께 상여를 끌었는데, 상여 위에는 핵발전소 모형(돔)을 올려 놓음으로써, '핵발전소 옆에서 이미 죽은 것이나 다를 게 없는 삶'을 살고 있는 자신들의 울분을 표출하고 이주를 요구하며, 나아가 핵발전소에 대한 장례식을 뜻했다. 즉, 대책위는 상여시위를 통하여 핵발전소가 없는 사회를 뜻하는 '탈핵'과 핵발전소가 있는 이 마을에서 더는 살 수 없기에 '이주'를 동시에 요청하고 있는 셈이다.

그러나 매주 하얀 상복을 입고 자신의 직함이 적힌 관을 끌고 이주를 요청하는 것은 쉽지 않았다. 오히려 황분희 씨는 비참했었다고 말했다. "비참했어. '어이, 어이, 어이할꼬'라는 상여곡을 들으면서 관을 끌으니까, 내가 왜 이렇게까지 살아야 하나 싶더라고. 나는 똑같은 국민이잖아. 나도 나라에 똑같이 세금 내고 있는데, 왜 우리만 이렇게 사람들한테 욕 먹어 가면서 비난 받아가면서 이 일을 해야 되는가 싶었지. 그래도 스스로 마음을 다독거리는 거지. 그래 우리가 해 보자. 여기서 이대로 살 수 없는 거잖아." 이렇게 한 해 두 해 상여시위를 해 온 것이 벌써 여덟 해를 넘겼다.

그렇다면, 지역사회 안에서 '돈 때문에 싸우는 것 아니냐'는 비난과 외면을 받거나, 같은 마을 사람들조차 대책위를 함께

하지 못해 이젠 72세대에서 30세대도 채 남아 있지 않으면서
도 이들은 왜 지속해서 다양한 활동을 통해 이주를 요구하고
있을까? 그들은 "거래조차 되지 않기에 여기서 도망칠(이사할)
수도 없어. 누가 핵발전소 근처에서 살고 싶겠어?"라며 이주대
책을 요구할 수밖에 없는 자신들의 상황을 간단하지만 강력하
게 답하였다.

참고 문헌

『경향신문』「돈이 들어올수록 마을은 불행해졌다」 2021. 2. 20.
『노컷뉴스』「원자력안전위원회, 월성 1호기 수명 연장 결정」 2015. 2. 27.
『중앙뉴스』「경주 시민 새누리당 정수성 의원 비난 시위」 2015. 9. 22.
『탈핵신문』「불안해서 못 살겠다. 제발 이주시켜 달라」 2014. 12. 8.

3장

창살 없는
감옥과도 같은 삶

개도 만 원짜리 지폐를 물고 다니는 마을이라고?

 100명(72가구)이 넘는 나아·나산리 주민들로 구성된 대책위는 2년 새 50~60명(30가구)으로 줄어들었다. 그러나 그들은 월성핵발전소 정문 앞에서 매주 상여시위를 하였고, 때로는 전국적인 행사에 참여하여 자신들의 목소리를 냈다. 앞에서 지적했듯 대책위를 가장 괴롭혔던 말 중의 하나는 "돈(보상) 때문에 데모하는 거 아니냐?"는 힐난 혹은 조롱이었다. 김진선 씨는 이 말을 극복하기 위해, "우리는 돈 때문에 반대하는 것이 아니라, 핵발전소가 있는 위험한 곳이 아닌 안전한 곳에서 살고 싶어 싸운다는 것을 강조하려고 노력했다"고 말했다.

 집회 하면서 우린 돈 필요 없다, 이주만 시켜 달라는 이야기만 했거든? 처음에는 이 말을 강조하고 대변하는 게 일이었다고. 근데 계속해서 남들이 우리가 돈 때문에 반대한다고 말하는 거야. 우리가 이 말 바로 세우는 데 몇 년이 걸렸어. 그전에는 다, 자기들 잘되려고 그러는 것으로 생각했지. (김진선, 2021년 3월 26일 인터뷰 중)

황분희 씨에게도 가장 힘들고 속상한 순간은 바로 마을 주민이나 경주 시민이 자신들을 향해 손가락질할 때라고 말했다. "핵발전소 없이 어떻게 사냐?", "핵발전소 멈추면 전기 뭐로 쓸라고", "자기들이 (핵발전소 확대를 바라는) 시장, 국회의원 잘못 뽑아 놓고 아직도 정신 못 차렸지" 등의 말들은 지금까지도 그들의 가슴에 박혀 있다. 특히 황분희 씨는 경주역 광장에서 탈핵 관련 행사를 진행할 때, 중년 남성이 차 창문을 열며 다음과 같이 말한 순간을 아직도 잊지 못한다. "그쪽 마을에선 동네 개도 만 원짜리 지폐 물고 다닐 정도로 한수원이 지원도 많이 해 준다는데 왜 데모하냐? 돈을 더 받아 내려고?", "그렇게 살기 싫으면 그냥 이사 가면 되지, 왜 또 돈 들여 가며 이주를 시켜 줘야 하나? 너무 이기적인 거 아니냐?" 무엇보다 같은 마을에 사는 일부 주민들이 대책위에 등을 돌리거나 심지어 그들을 이기적인 사람들이라고 비판하면서, 좋았던 이웃과의 관계도 예전과는 확연하게 달라졌다.

과거에는 그냥 식구였지. 찌개라도 끓이면 와서 먹어 보라고 해서 같이 먹고 했는데. 근데 지금은 마주쳐도 인사도 안 해. 여기는 길도 좁고 하니까 자주 길에서 마주치는데, 나는 웬만하면 인사를 먼저 하거든. 근데 저쪽에선 인사도 잘 안 하려고 하더라고. 그래서 이젠 나가는 것도 싫어. 마주치기도 싫고. 이웃사촌이라고 멀리 사는 가족, 자식이 무슨 소용이야. 바로 앞집, 뒷집에 사는 이웃, 친구들이랑 밥도 먹고 차도 마시면서 수다도 떨고. 내가 된장국 하면 와서 먹으라고 하고, 저기서 시락국 하면 나도 가서 얻어먹고 했지. 바깥에서 만나면 반갑고 너무 좋았는데. 길에서 서서 수다도 떨고. 근데 요새는 바깥에 가면 사람 마주칠까 싶어서. 사실 인사 안 하고 멀뚱멀뚱 쳐다보는 것도 얼마나 고역인데. 나는 끝까지 인사했거든. 저기서 멀뚱멀뚱하니까 나도 슬슬 '아니 저 사람도 인사 안 하는데, 내가 왜 해?'라고 생각하게 되더라고. 나보다 나이가 많으면 내가 먼저 하겠지만. 나보다 10년, 20년 젊은 사람들이 본체만체하는 거야. 그래서 이젠 길가에 나가서 사람 마주치는 것도 참 불편하지. 뭐 서울이나 시내 같으면, 아파트 들어가서 문 닫으면 안 보고 살 수 있는데. 이 마을에선 어찌 됐든 계속 부딪히니까, 보고 살아야지. 그게 참 불편해. (황분희, 2021년 3월 25일 인터뷰 중)

이렇게 적지 않은 경주 시민과 마을 주민들은 이주를 요구하는 대책위를 '돈'이나 '보상'을 바라는 이기적인 사람들이라고 비판했고, 한수원은 후쿠시마 사고와 국내 짝퉁 부품 비리 사건 이후 "위험한 마을에서 살 수 없다"며 이주를 요구한 주민들을 향해 "이주시켜 줄 법이 없다"며 잘라 말하거나, 오히려 '주민 상생'과 '지역발전'을 강조했다. '돈과 더 많은 보상'이 아니라 '안전한 곳에서 살 권리'를 요구하는 그들에게 한수원은 여전히 달성할 수 없는 유토피아로 그들을 회유하고 있는 것이다.

자주 만났어. 한 달에 한두 번씩. 그리고 본부장 임기가 2년이거든. 새로운 본부장이 오면 우리 이야기를 들어 보고 싶다는 식으로 연락이 와. 우리가 이주를 요구하면 또 같은 말을 하는 거야. 법이 없다는 말과 마을을 발전시켜 주겠다. 그래서 내가 따졌지. 약속대로라면 지난 30년 동안 이 마을은 전국에서 최고 잘살고, 사람들이 이사 오고 싶어 하는 지역이 됐을 텐데, 아니잖아. 근처 상가 봤지? 텅텅 비었어. 집도 마찬가지야. 아무리 집을 내놔도 누가 여기서 살고 싶겠어. 거래가 아예 안 돼. 그래서 내가 물었지. 그럼 언제 어떻게 이 마을을 잘살게 해 줄 거냐고? 우리는 또 얼마나 기다리면 되냐고. 답을 못 해. 우리는 못 살겠다고, 이 위험한 곳에서 내보내 달라고 하는데, 저기선 잘살게 해 주겠다는 거짓말만 자꾸 해. 지키지도 못할 약속을 하는 거지. (황분희, 2021년 3월 25일 인터뷰 중)

그렇다면 대책위는 지역사회에서 지지를 받지 못하는 상황에서도 왜 계속해서 이주를 요구하고 있을까? 김진일 위원장은 "여기는 창살 없는 감옥이거든. 집을 팔고 나가려고 해도, 거래가 안 돼. 30년 전에는 이 마을이 양남면에서 제일 비쌌다고. 근데 다른 데가 20배, 30배 오르는 동안 여기는 변한 게 없어. 오히려 나빠진 거지"라고 말했다. 성혜중 씨도 "아니, 우리도 집 다 내놨어, 근데 팔리질 않는 걸 어떡해. 누구인들 이렇게 위험한 곳으로 이사 오고 싶겠어"라고 말하며 이주를 요구할 수밖에 없는 상황을 설명했다.

떠나고 싶어도 떠날 수 없는 사람들

이주를 요구하는 이유에 대해 그들은 하나같이 "거래 자체가 거의 없어서, 아무리 이사를 하려고 집을 내놓아도 찾아오는 이가 없다"고 대답했다. 대책위 위원장이었던 김정섭 씨는 산업통상자원부(이하 산자부)나 한수원 간부들을 만나면 늘 "나 산리 주민들은 약간의 토지를 가지고 있고, 나아리 주민들도 대부분 집 한 채를 가지고 있거나 땅 조금을 가지고 있어서, 이 것만 사 달라. 그러면 나머지는 우리가 알아서 하겠다"는 요구를 했다.

> 제발 이것만 인수인계해 달라. 우리가 한평생 벌어서 집 한 채 산 건데. 전에는 거래가 잘 됐는데 지금은 원자력 때문에 안 되니까 해 달라고 요구했어. 100만 원짜리를 90만 원에라도 사 주면 바로 나가지. 원자력이 안 보이는 곳에 가서. 그게 우리 소원이야. 우린 절대 돈이나 보상 더 받아 내려고 싸우는 게 아니다. 받으면 얼마나 받겠어. 다른 사람들은 우리보고 돈 때문에 한다고 하는데, 재산, 집 한 채 인수해 주면 우리는 원자력 안 보이는 공기 좋은 데 가서 살 거라고 말했거든. (김정섭, 2021년 4월 22일 인터뷰 중)

> 많이 주든 적게 주든 우리는 정말 상관없다. 제발 이주만 시켜 줘라. 우리는 적게 줘도 가겠다. 그것만 허락해라. (김진선, 2021년 2월 9일 인터뷰 중)

김정섭 씨는 대책위 초기에 정수성 당시 지역구 국회의원에게 집값 조사를 해 달라고 여러 번 부탁했다. "20년, 30년 전의 공시지가를 조사해서 당시 가격과 현시가를 비교해 얼마나 올랐는지를 보면 문제가 보이지 않겠나 싶었지. 경주시 지가는 계속 올라가고 있는데, 여긴 안 그랬거든." 게다가 "당시에는 나산, 신서랑 상계 그리고 석읍 골짜기, 이렇게 양남에서 세 지역의 골짜기가 유명한데. 세 곳 중에서 나산 땅이 가장 부유했고 비싼 자리였다고. 근데 지금은 역전이 됐고. 그래서 이렇게 과거랑 현재의 지가나 거래량을 비교해 달라. 아니면 부동산 몇 군데에 들러서 자료라도 조사해 달라고 몇 차례 요구"하는 등 주민들 역시 경험으로 핵발전소에서 가까운 마을일수록 거래가 적다는 것을 의심하고 있었다. 무엇보다 정수성 전 의원에게 이렇게 자료를 조사해 줄 것을 요구한 이유는, 대책위가 그저 돈이나 보상을 바라고 싸우거나, 근거 없이 감정적으로만 대응하는 것이 아니라 '왜 이주를 요구하는지 그 원인을 정확히 조사'하여 다른 사람들에게 보여 주는 것이 중요했기 때문이다.

[표 2]는 2006년부터 2020년까지 양남면(15개리) 부동산 거래 현황을 정리한 것이다. 원자료는 국토교통부 실거래가 공개 시스템 홈페이지(rt.molit.go.kr)에서 조회한 뒤 분석에 적합한 형

[표 2] 양남면 부동산 거래 현황 (2006~2020년)

	06	07	08	09	10	11	12	13	14	15	16	17	18	19	20	거래량 (순위)
나아	4	5	17	17	5	14	20	4	74	15	10	13	6	14	10	228(15)
석읍	27	22	29	14	11	7	27	18	19	29	20	13	9	16	9	270(14)
상라	16	14	17	46	23	16	15	11	19	16	25	11	13	15	22	279(13)
나산	7	25	32	36	17	15	11	22	21	13	38	21	16	12	5	291(12)
읍천	18	23	20	17	27	31	9	15	13	37	49	40	18	12	11	340(11)
석촌	27	15	18	28	33	29	13	62	24	31	13	17	23	25	16	374(10)
수렴	18	25	29	12	20	22	29	39	28	51	27	17	24	26	26	393(9)
서동	16	18	48	44	27	26	17	4	32	41	40	63	21	19	24	440(8)
상계	30	20	37	49	36	32	33	59	42	51	79	31	22	7	21	549(7)
기구	61	66	75	51	10	23	47	43	35	46	25	26	34	22	24	588(6)
환서	28	49	62	32	37	39	36	66	62	111	66	45	59	25	26	743(5)
신서	69	74	79	59	52	39	42	62	55	96	63	69	38	30	46	873(4)
효동	130	87	80	68	79	67	21	82	64	81	69	85	99	46	72	1,130(3)
하서	74	66	81	97	103	67	58	56	89	133	104	152	97	125	108	1,410(2)
신대	49	55	82	77	76	135	115	180	119	175	124	117	50	88	73	1,515(1)
전체	574	564	706	647	556	562	493	723	696	926	752	720	529	482	493	9,423

태로 재가공하였다. 거래량 자체가 적은 아파트, 오피스텔 등은 제외하였고, 단독/다가구 주택(448개), 상업/업무용(226개)과 토지(8,749개) 등 총 9,423개의 자료를 활용하였다.

거래량이 적은 지역은 나아, 석읍, 상라, 나산, 읍천 순이며, 월성핵발전소에서 가장 가까운 마을인 나아, 나산, 상라리의 거래가 특히 적었다. 반대로 핵발전소에서 멀리 떨어져 있는 마을인 신대, 신서, 효동리는 부동산 거래가 활발한 것을 알 수 있다. 거래량이 많은 신대, 하서, 효동, 신서리 4개리의 거래량(4,928회)은 양남면 전체의 52.2%를 차지하였다. 거래량이 적은 5개리 모두를 합하면 1,408회인데, 이는 가장 많은 신대리(1,515회)와 하서리(1,410회)보다도 적은 수치로 양남면 15개리 안에서도 거래량 편차가 굉장히 크다는 것을 알 수 있다. 거래량이 가장 적은 나아리와 가장 많은 신대리의 거래량은 1,200회 이상(6.6배) 차이가 났다.

특히 성혜중 씨는 2016년 9월 12일에 발생했던 규모 5.8 지진을 잊지 못한다. 부동산 중개업체를 통해 집을 보러 온 울산에 사는 사람과 구체적인 가격과 거래 날짜까지 정해 놓았고, 계약서에 도장을 찍으려던 며칠 전에 지진이 발생했다. "경주에서 지진이 딱 터졌는데, 온다던 사람이 거래를 못 하겠다고 말하더라고. 원자력이 있는 마을에 지진이 나니까, 당장 사람이 살 수 없는 동네가 된다는데, 우리가 어떻게 이 집을 살 수 있겠냐고. 결국 포기를 하더라고."

[표 3]은 국토교통부 부동산 공시가격 알리미 홈페이지(www.realtyprice.kr)에서 자료를 받아 25년간(1996~2020년) 양남면 평균 공시지가 상승률을 정리하였다. 다양한 종류의 지목(地目) 중에서 대표적인 장, 전, 대, 답, 임 자료를 활용하였다. 양남면 15개리에서 공통으로 추출할 수 있는 5개 지목의 평균 공시지가를 계산하여 지난 25년간의 상승률을 비교하였다. '장'은 제조업을 하는 공장 시설물의 부지, '전'은 물을 이용하지 않고 재배하는 토지, '대'는 영구적 건축물 중 주거, 사무실, 점포 등의 부지, '답'은 물을 상시적으로 이용하여 재배하는 토지, '임'은 산림 및 원야를 이루는 토지를 말한다.

[표 3]을 보면, 수렴, 하서, 나아, 읍천, 나산 순으로 평균 공시지가 상승률이 낮고, 그중 나아를 포함한 네 개 마을(회색 바탕)의 평균 공시지가 상승률은 양남면 평균(427.24%)보다 낮았다. 25년간 평균 공시지가 상승률이 높았던 5개 지역 중에서 신대, 신서, 효동리의 경우에는 [표 2] 부동산 거래 현황이 높았던 마을이기도 하였다. 특히 신대리의 경우에는 월성핵발전소에서 가장 멀리 떨어진 마을로 지난 15년간 거래량도 가장 많았고 25년간 평균 공시지가 상승률(4,976%)도 가장 높은 마을이다.

[표 3] 양남면 평균 공시지가 상승률 (1996~2020년)

	1996년	2020년	상승률(%)	순위
양남면	**14,350**	**75,660**	**427.24**	
수렴	56,440	170,943	202.88	15
하서	47,454	148,905	213.79	14
나아	43,938	177,800	304.66	13
읍천	35,803	186,781	421.68	12
나산	5,553	45,284	715.56	11
환서	4,182	41,905	901.94	10
기구	3,191	36,529	1,044.80	9
석읍	2,762	33,692	1,119.98	8
석촌	2,205	31,622	1,333.84	7
상라	2,239	32,701	1,360.66	6
효동	1,507	22,750	1,409.80	5
신서	2,677	41,726	1,458.73	4
상계	2,495	43,567	1,646.47	3
서동	3,850	72,063	1,771.77	2
신대	958	48,629	**4,976.21**	1

신대리는 1996년에 비해 4,976% 상승(50.7배)했는데, 나아리에 비하면 16배, 가장 상승률이 낮았던 수렴리에 비하면 최대 24배 이상 차이가 나고 있다.

물론 핵발전소에서 가까운 상라리는 거래량(표 2, 13위)은 적지만 공시지가 상승률(표 3, 6위)은 높기에, 실제 거래량이나 평균 공시지가를 기반으로 시도한 분석이 양남면 모든 마을의 상황을 구체적으로 설명해 주지 못한다는 한계가 있다. 또한 마을마다 지목별로 비교하기보다는 5개의 대표적인 지목의 평균값을 구한 뒤 상승률을 비교·분석한 것이기에 여전히 정확성은 떨어진다. 특히 월성핵발전소와 가까운 나아리와, 양남면의 대표적 관광지인 주상절리와 가까운 읍천리와 하서리는 상권이 발달하여 주로 '대'의 비율이 높고, 다른 농촌 혹은 어촌의 특징이 뚜렷한 마을은 '전'이나 '답'의 비율이 높은 상황에서 이를 고려하지 않고 단순 평균값을 계산한 뒤 비교한 것이기에 마을별 특징을 고려하지 못한 채 단순 비교했다는 한계도 존재한다.

그러나 월성핵발전소가 지역의 부동산 거래나 지가에 어떤 영향을 주는지 분석한 실증적인 연구가 현재까지도 부재하고, 이 문제를 지적했던 대부분의 기사도 주민들 혹은 부동산 중개인과 인터뷰를 통해 핵발전소에서 가까운 마을인 나아리에서 거래 자체가 없다는 것을 확인하는 정도에 그쳤다는 아쉬움이 있기에 이 기초적인 분석은 의미 있는 시도라고 생각한다. 특히 '거래가 되지 않아 개인적으로 이사 가고 싶어도 나갈 수 없는 주민들의 경험'이 과장이나 단순한 감정에서 비롯된 것이 아니라 실제에 기반하고 있음을 분석 결과는 말해 준다. 거래 현황과 공시지가 자료를 통해서 보듯, 핵발전소에서 가까울수록 지가 상승률이 낮고 무엇보다 거래량 자체가 줄어들기 때문에 주민들은 한수원과 정부에게 이주를 요청하는 것이다.

2018년 9월 17일 국회에서 열린 '원전 인근 주민 이주의 필요성과 입법 과제' 토론회에서 진상현 경북대 행정학부 교수는 원전 주변지역 지원제도의 경제효과 분석 결과를 발표하였는데, 그는 원전 주변지역 지원제도가 지역 내 총생산에 유의미한 영향을 미치지 않는 것으로 나타났다고 말했다. 특히 "원전의 경우 원전이 건설되는 부지는 토지 수용이 가능하나, 그 주변지역의 경우 사업자가 이를 수용할 수 있는 법적 근거를 마련해야 하고, 지역 주민이 이주라는 대안을 받아들일 경우에는 뒤따르는 토지 수용 외에도 주거 안정 조치, 영업 손실에 대한 보상과 생활 재건을 위한 다각적 조치가 포함되어야 한다"고 제안하였다. 즉 한수원이 지역 내 제공했던 지원금은 월성원전 본부장의 주장과는 달리 마을이나 지역을 발전시키지 못했고,

오히려 핵발전소의 위험성이 커지면서 핵발전소 인근 마을의 경우에는 토지 및 부동산 거래가 줄어들어 주민들이 개별적으로 시도했던 이주, 이사 등의 기회도 가로막혀 있는 것이다.

대책위, 이주 법제화를 요구하다

월성핵발전소 근처 마을에서 벗어날 수 없어 상여시위를 통해 이주를 요청하던 주민들의 전략도 점차 다양해지기 시작했다. 자신들의 요구에 제대로 대응하기보다는 '법이 없다'는 말만 반복하는 한수원 때문에 주민들은 문제를 공식적으로 해결할 수 있도록 이주를 위한 법제화 혹은 제도화를 꾀하기 시작했다. 황분희 씨는 "이렇게 위험한 곳에 살면서 안전한 곳으로 이사하고 싶어도 마음대로 나갈 수가 없어. '창살 없는 감옥'에서 사는 거지. 그래서 이주를 요구하는 거야. 제발 좀 여기에서 나가게 해 달라"고 호소했다. 특히 그녀는 "한수원은 이주시켜 줄 법이 없다는데, 그것도 아니거든. 예전에 월성 1호기랑 2호기 짓는 과정에서 마을 주민 40명 정도를 개별 이주시켜 줬어. 근데 이제 와선 법이 없다고 안 된다고 하는 거야"라며, 자의적으로 '법이 없다'는 말만 반복하는 한수원을 비판했다.

나아리 주민을 더는 모을 수 없어서 이젠 외부의 힘이라도 빌려 보자는 이야기가 나왔어. 외부에서 정치하거나 탈핵운동 하는 사람들이라도 빌려서 우리 얘기를 해 보자. 아무리 한수원에게 이주를 시켜 달라고 얘기해도 안 되니까. 특히 한수원은 기준치 이하라서 괜찮다는 말과 법이 없어서 안 된다는 말만 하니까, 우리가 외부로 활동하기 시작한 거지. 그래서 청와대, 국회, 갈 수 있는 곳은 다 갔지. 산자부에도 서류를 내서 답변을 듣고, 우리가 할 수 있는 거는 다 한 거야. (황분희, 2021년 5월 14일 인터뷰 중)

대책위는 점차 지역에서 고립되는 것을 극복하고 "이주시켜 줄 현실적인 법이 없다"는 한수원에 효과적으로 대응하기 위해, 이주를 위한 법의 제정이나 기존 '발전소주변지역 지원에 관한 법률'(약칭 발전소주변지역법)의 개정을 요구하는 등 더욱 구체적이고 실효성이 있는 대안을 만들어 나가기 시작했다. 또한, 이것은 개별적으로 대책위를 비롯한 소수의 주민만 이주를 시켜 주는 것이 아닌, 자신들처럼 핵발전소 근처에 사는 주민 중 이주를 원하는 누구라도 적용받을 수 있기 위한 '모두를 위한 싸움'인 것이다.

이젠 법을 만들기 위해 싸운 거지. 1킬로미터라면 그 안에 사람들 모두가 혜택을 볼 수 있도록, 우리를 반대하거나 찬성하거나 상관없이 모든 주민이 같은 혜택을 받을 수 있도록 하자. 그래야 우리도 마음이 편하고. 사실 뒤에서는 우리보고 "아이고, 자기들만 이주하려고 저런다"며 비난하는 사람도 있더라고. 그래서, 우리가 조금 힘들더라도 다 같이 살 방법을 고민해 본 거지. 법을 만들거나 바꿔서, 원전에서 1킬로미터 이내 원하는 사람 모두가 이주할 수 있도록 요구한 거지. (김진선, 2021년 3월 26일 인터뷰 중)

이러한 이주 법제화/제도화 활동이 가능했던 것은 대책위가 활발한 외부 활동을 통해 다양한 전문가들과 교류하면서 자신들이 처한 문제를 해결하기 위해서는 결국 법적·제도적으로 해결할 수밖에 없다는 것을 인식하였기 때문이다.

2016년 9월 8일 이주대책 요구 농성 2주년을 기념하기 위해 이주대책위는 전 무소속 윤종오(울산 북구), 김종훈(울산 동구) 국회의원, 환경운동연합, 탈핵·에너지전환 국회의원모임의 주최로 '월성원전 인근 이주 요구의 타당성과 제도 개선 토론회'를 진행하였다. 토론회가 열린 이유는 '월성원전 최인근 지역 주민들이 이주대책 요구 농성과 월성핵발전소 정문 앞 집회를 시작한 지 2년이 넘었고, 당시 다섯 살짜리 아이를 포함하여 주민들에게서 삼중수소 오염이 확인되는 등 피해가 가중되었지만 정부와 사업자인 한수원이 아무런 대책을 내놓고 있지 않는 현실'을 비판함과 동시에 '2016년 1월 산업통상자원부의 용역으로 작성된 원전 인근 주민 집단이주제도에 대한 타당성 평가보고서의 주요 내용을 공유하고 실질적인 대책을 마련'하기 위해서였다. 무엇보다 이 토론회가 의미 있는 이유는, 당시 정의용 산업통상자원부 상생협력팀장과 전휘수 전 월성원자력본부장 등이 토론자로 참가했기 때문이다. 그동안 대책위는 책임 있는 정부 관계자와 심도 있게 이주 문제에 대해 이야기할 기회를 거의 얻지 못했었다.

또한, 산업통상자원부가 2015년 8월부터 2016년 1월까지 5개월에 걸쳐 실시한 '발전소 인근지역 주민 집단이주제도의 타당성 고찰 및 합리적 제도개선 방안 연구'가 공개되었다는 것 역시 특기할 만하다. 특히 이 연구의 책임자인 오영석 갈등치유연구소장은 토론회에 참석하여 "단기적으로는 최인접 마을의 지원 확대 및 주민 건강을 위한 체계적인 모니터링을, 장기적으로는 최인접 마을을 (가칭)간접제한구역으로 지정하여 완충지역으로 활용하되, 타당성 조사를 거쳐 개별이주를 허용할 근거를 마련해야 한다"라는 연구의 결론을 발표하였다. 물론 정의용 산업통상자원부 상생협력팀장은 "나아리 주민의 이주대책 필요성에는 공감하지만, 현재까지 밝혀진 주민 피해로는 이주에 필요한 법 개정의 공감대를 끌어내기 힘들다"는 입장을 밝혔다. 즉, 한수원의 주장인 "기준치 이하이기 때문에 건강에 영향이 없다"는 말을 반복했지만, 토론회에 참석했던 주민들은 "특별한 보상을 해 달라는 것이 아니라, 이사할 수 있도록 자산을 처분해 달라는 것이다. 그것도 안 되느냐"며 호소하였다(『프레시안』 2016. 9. 30).

이처럼 월성핵발전소 최인접 마을 주민들의 이주 문제를 주제로 처음 개최된 토론회는 가시적인 성과를 내지 못한 것 같았으나, 그 자리에는 당시 국민의당 김수민 의원 보좌관이 참석하여 대책위의 이주 요구와 법제화 필요성에 대하여 관심을 갖게 되었다.

> 보좌관이 토론회에 참석해서, 이거는 아니다, 주민이 이렇게 살수는 없다고 김수민 의원에게 이야기를 해서 결국 법 발의를 한 거야. 그 사람들을 이주시키도록 해야 한다 해서, 김수민 의원이 그때 산업부 소속 의원이기도 했고, 그래서 처음으로 이주를 시켜 줄 수 있는 법을 만들어서 국회에 제출한 거야. (황분희, 2021년 3월 9일 인터뷰 중)

2016년 당시 국민의당 김수민 의원은 "원전 주변지역 주민과 원전 사업자와의 갈등은 해결점을 찾지 못한 채 2년째 서로 대치하고 있으며, 방사능에 대한 불안에 시달리는 주민들은 다른 곳으로 '이주'를 원하나 정부는 안전을 강조하며 '정착'을 위한 지원사업만 시행하고 있다"는 이유로 '발전소주변지역 지원에 관한 법률 일부개정법률안'을 대표발의했다.

당시 대책위는 법률개정안이 통과되길 바라는 마음에서 최인접 마을인 나산리와 나아리, 양북면 봉길리에서 직접 주민들의 서명을 받았다. 나산리와 봉길리는 당시 이장과 주민들의 도움을 받아서 각각 100명과 70명의 서명을 받았고, 나아리는 황분희 씨와 신용화 씨가 직접 마을을 돌면서 65명으로부터 서명을 받았다. 그들은 "당신이 이주를 원하면, 여기에 서명하라"고 설득하였고, 법안 통과를 촉구하기 위해 필요할 것 같아서 총 235명의 주민들의 서명을 직접 받았다. 무엇보다 소수의 대책위만이 아니라 적지 않은 주민들이 강력하게 이주를 원한다는 것을 보여 주기 위해서였다.

그러나 "인접지역에 거주하는 주민에 대하여 이주 지원사업을 실시할 수 있다"는 조항이 담긴 개정법률안은 국회 소위에서 논의조차 되지 못하였다.

2018년 9월 17일 국회에서 열린 '원전 인근 주민 이주의 필

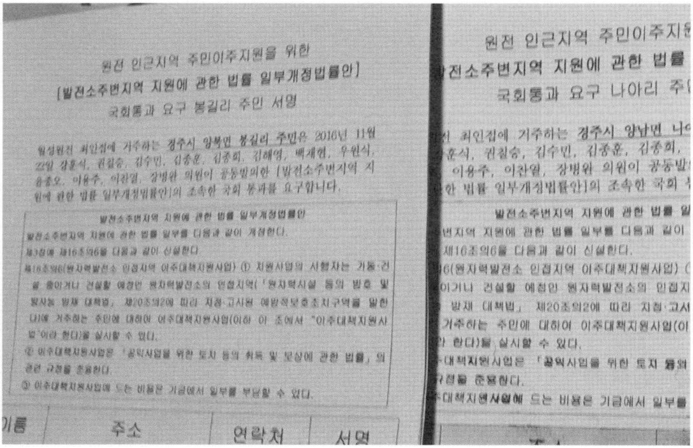

[그림 7] 원전 인근 지역 주민이주지원을 위한 '발전소주변지역 지원에 관한 법률 일부개정법률안' 국회 통과를 요구하는 봉길리, 나아리, 나산리 주민 서명부.

요성과 입법 과제' 토론회에서 이상홍 경주환경운동연합 사무
국장은 "원전 인근 지역은 부동산 거래가 실종되어 재산권을
행사하지 못하며, 타지역으로 이주도 어려워 '수용소'에서 사
는 것이나 다를 것이 없다"라고 비판했다. 더욱이 몇 년째 이주
시켜 달라는 대책위의 요구에 한수원은 여전히 무관심하거나
'이주시켜 줄 경우 들게 될 천문학적인 비용'을 먼저 걱정하며
이주 법제화를 가로막고 있는 현실을 꼬집었다.

이렇듯, 월성핵발전소 최인접 마을에서 사는 주민들은 재산
권이나 거주 이전의 자유 등 다양한 권리를 침해받고 있기 때
문에 상여시위를 시작으로 이주 문제를 해결할 수 있는 법·제
도화를 요구하기 시작한 것이다. 그러나 주민들이 가장 걱정하
는 것은 바로 그들 몸속에 있는 삼중수소였다.

참고 문헌
국토교통부 부동산공시가격 알리미 홈페이지(https://www.realtyprice.kr).
국토교통부 실거래가 공개시스템 홈페이지(http://rt.molit.go.kr).
『프레시안』「월성원전 인근 5살 아이 몸에 방사선물질이…」 2016. 9. 30.

4장

보이지도 냄새나지도 않는
위험을 마주하다

끊이지 않는 괴담과 이유를 알 수 없는 죽음들

1989년 7월 영광핵발전소에서 발생한 '무뇌아 태아 유산 논란'은 당시 큰 파장을 일으켰다. 이에 과학기술처는 서울대병원 역학조사팀이 1990년 4월부터 일 년 동안 실시한 '영광원전 주민에 대한 건강 실태 및 역학적 기초조사'를 통해 "원전지역이라는 지역적 특성과 주민들의 질병 증가 및 감소는 관련이 없는 것으로 나타났다"고 결론 내렸다. 핵발전소 근처에서 일어났던 피해와 사건들은 그저 괴담이나 주민들의 불안 정도로 치부되었다(『연합뉴스』1996. 5. 28). 그러나 이유를 알 수 없는 불길한 현상들은 월성핵발전소 주변지역에서도 벌어졌다.

십여 년 전, 월성원전 주변지역 3개 읍면에는 괴상한 일들이 꼬리를 물고 일어났다. 뚜렷한 이유도 없이 암소들의 불임이 잦았고, 유난스레 기형 가축들이 많이 태어났다. 머리가 없거나 눈이면 송아지, 생식기가 없는 송아지, 눈이 없는 강아지, 심지어는 뼈만 있고 살은 없는 가축들도 태어났다. 강아지들의 사산도 속출했다. 또 기형 물고기들도 많이 잡혔고, 해산물 수확도 크게 감소했다. 각종 농작물의 수확도 확 줄어들었는데, 특히 감 수확량이 급감했다. 이 모든 게 월성원전에서 방출하는 삼중수소 때문이라는 흉흉한 소문이 나돌았다. 우연이었을까. 그즈음에 한국원자력안전기술원(KINS)에서 월성원전에 '삼중수소 저감장치'의 설치를 권고했다. 주민들의 불만이 팽배해지자 월성원전 측은, 역학 조사 결과 방사능 오염이 아닌 괴질이나 소 아카바네병*으로 추정된다고 발표했다. 환경단체에서는, 그동안 축적된 방사능 때문이라며 최초로 민간 차원의 원전 피해 실태 조사를 한다며 자원봉사자들까지 동원하여 한동안 부산하게 움직였다. (『탈핵신문』 2012. 9. 10)

이러한 문제들은 비단 동식물들에만 발생한 것이 아니다. 전 대책위원장이었던 김정섭 씨는 "우리 마을 선배 중에서 돌아간 사람의 90%가 암이었다고. 암으로 다 죽었어. 아지매들은 갑

---

* 모기가 매개하는 바이러스성 질병으로 주로 임신한 소에서 유산, 조산, 사산 또는 기형 송아지 분만 등의 번식장애를 일으킨다.

상선암 수술을 가장 많이 했고. 만약 지금 조사를 제대로 하면 나아리 같은 경우에는 더 나올 거야"라며 나아리에서 암에 걸려 죽거나 관련 수술을 받은 사람이 많았다고 설명하였다. 황분희 부위원장은 신용화 사무국장과 나아리에서 암에 걸린 사람들을 직접 조사한 적도 있다.

> 건강보험공단에 자료도 요청하고 우리가 조사를 해 보자고 했거든. 나아리나 양남면에는 무슨 암에 걸린 사람 숫자가 나올 거 아니야. 근데 그 자료를 받을 수가 없더라고. 우리가 발로 뛰어서 나아리만이라도 누구 집에 몇 세 때 어떤 암으로 돌아가셨는지 정리해 보자고 했지. (황분희, 2021년 5월 14일 인터뷰 중)

물론 그들의 조사는 녹록지 않았다. 대책위의 활동을 부정적으로 생각하는 주민들은 "자기들 이주하려고 우리를 이용하려고 한다"며 좀처럼 협조하지 않았다. 그러나 황분희 씨는 "이십 년도 전에 중학생 열다섯 명 정도가 백혈병으로 죽었거든. 그때는 그게 이상하지 않았는데, 지금은 심각하게 느껴지는 거야"라고 말했다. 본인도 2012년에 갑상선암을 진단받아 수술했고 남편도 갑상선 항진증을 앓고 있다. 이 작은 마을에서 암이나 백혈병에 걸린 사람들은 그들이 전부가 아니었다.

요 밑에 아저씨는 간암으로 돌아가셨어. 내려가면 세 집이 폐암으로 돌아가셨어. 그 밑에 할매는 유방암에 걸려서 돌아가시고, 친구 하나는 나랑 동갑인데 무슨 암인지는 모르겠는데 암으로 죽었어. 가만 보면 집마다, 한두 집 걸러 암으로 죽고, 또 애들은 백혈병으로 죽고. 이게 계속 나오는 거야, 가족력도 없는데. (황분희, 2021년 5월 14일 인터뷰 중)

핵발전소가 들어선 지역은 대개 농어촌 마을로 도시에 비하면 고령화 비율이 높다. 주민들은 마을에서 암으로 죽거나 수술을 받은 것 자체를 심각하게 생각하기보다는, "나이를 먹어서 그런 것 아니겠나"라고 자연스럽게 받아들였다. 한편, 암으로 죽은 것을 알리기 꺼리는 관습이 '핵발전소 때문에 암에 걸린 것은 아닌가' 하는 합리적인 의심을 가로막기도 하였다.

옛날 어른들은 암으로 돌아가신 것을 굉장히 싫어하시더라고. 할아버지가 돌아가시고 몇 년 후에야 "할머니 혼자 계시니까, 좀 그렇죠? 근데 할아버지는 어떻게 돌아가셨어요?"라고 물으니 암으로 죽었다고, 오래 지나서야 말씀해 주시더라고. 우린 그분이 암으로 돌아가신 줄 몰랐거든. 여 밑에 위암 수술, 저 아저씨는 피부암, 암으로 돌아가신 분들이 숱해. 초기에 발견해서 수술 받

은 분들도 많고. (황분희, 2021년 5월 14일 인터뷰 중)

황분희 씨도 처음에는 자신과 남편은 '가족력이 없는데 왜 암에 걸리지?'라고 생각할 뿐 핵발전소와의 인과관계는 깊이 생각하지 못했다. 그러나 후쿠시마 사고 이후 갑상선암에 걸린 사람들 이야기가 언론에 나오기 시작하고, 특히 방사성 물질의 위험성에 대해 경고하는 전문가들을 알게 되면서 '암에 영향을 주었을 수 있겠다'는 생각을 하게 되었다. 또한 방사성 물질이 성인보다 유아나 아이들에게 더 위험할 수 있다는 이야기를 접하면서 자신과 함께 사는 손주들을 걱정하기 시작했다.

주민들 몸속에 존재해 온 삼중수소

핵발전소의 위험을 부정하는 사람들은 '근거 없는 괴담'이나 기우로 치부하지만, 이러한 현상 혹은 문제의 원인을 '느린 폭력(Slow Violence)'이라고 명명한 학자가 있다. 롭 닉슨은 『느린 폭력과 빈자의 환경주의』라는 책을 통해 방사능 피폭, 독성물질 오염, 기후변화 등 현대 사회의 많은 환경 문제처럼 "눈에 보이지 않게 일어나는 폭력, 시공을 넘어 널리 확산하는 시간 지체적 파괴, 오랜 시간에 걸쳐 벌어지는 폭력"을 '느린 폭력'이라고 정의하였다. 황분희 씨는 후쿠시마 사고 이후 우연히 기자로부터 방사성 물질인 삼중수소가 기체와 액체 상태로 매일 배출된다는 것을 알게 되었다. 그렇다면 대책위는 보이지도 않고 냄새나지도 않으며 회피할 수도 없는, '느린 폭력으로 불리는 삼중수소'의 실체를 언제, 어떻게 알게 되었을까?

2011년 후쿠시마 사고가 발생하기 전인 2010년 9월 6일 '경주시 월성원전 방폐장민간환경감시기구'(이하 감시기구)는 '월성원전 주변 삼중수소 방사능 측정 결과의 고찰'에서 월성 핵발전소 주변 빗물과 지하수의 삼중수소 농도가 다른 핵발전소 지역보다 5~10배 높다고 발표하였다.

또 감시기구는 몇 달 후 '월성원전 주변지역 주민의 체내 삼중수소 농도 분석'을 발표했는데, 나아, 읍천, 봉길리 등 월성핵발전소와 가까운 마을에 사는 주민일수록 삼중수소 농도가 더 높게 나왔다(『탈핵신문』 2012. 9. 10). 특히 [그림 8]을 통하여 핵발전소로부터 5킬로미터 이내에 거주하는 양남면 나아리 주민의 체내 삼중수소 평균 농도는 23.6Bq/L로, 핵발전소에서 30킬로미터 떨어진 경주 시내권 주민(0.91Bq/L)보다 25.7배나 높은 수치를 기록했다(경주핵안전연대 성명서, 2011. 3. 17). 김정섭 씨는 "우리도 당시에는 삼중수소 문제나 방사능 문제에 대해

주민 뇨시료 분석결과

□ 분석결과

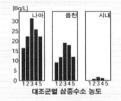

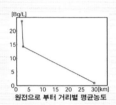

□ 나아리와 읍천리 주민의 체내 삼중수소 농도가 경주시
민 보다 유의하게 높음을 확인(최대 31.4Bq/L)

□ 삼중수소 농도가 원전으로부터 거리에 따라 감소하는
경향과 일치

[그림 8] 주민 요시료 분석 결과. (출처: 경주환경운동연합)

잘 몰랐는데, 요시료(소변) 채취를 하니까 우리 몸에 방사능이, 전부 다 오염이 된 걸 그때 알게 된 거야. 내가 생각하기로 우리 나아리 주민들은 99.99% 오염되었다고"라고 말했다.

이처럼 핵발전소 인근 마을 주민에게서 높은 수치의 삼중수소가 검출된다는 연구 결과들이 발표되자, 다음해 10월 5일 전 경주시장이자 감시기구 위원장이었던 최양식은 "월성원전 주변지역 삼중수소에 대한 주민 의견 수렴 결과를 기초로 인체에 미치는 영향평가 로드맵을 수립할 것"을 공식적으로 요구했다. 이후 2012년 정부와 한수원은 '삼중수소 방사능 영향평가'를 실시하기로 했고, 총 21명의 '삼중수소 영향평가위원회'를 구성하였다.

조사 결과가 발표되기 이전인 2014년 말에 황분희 씨는 KBS 〈추적 60분〉 제작진으로부터 연락을 받았다. 그들은 원전 근처에 사는 주민들이 얼마나 암에 걸렸는지, 소변검사를 통해 인체 내 삼중수소가 검출되는지, 된다면 농도는 어느 정도인지 등을 알아보기 위해 준비하였다(『피디저널』 2015. 3. 31). 2015년 3월 21일 방영된 〈추적 60분〉 '원전과의 불편한 동거, 원전과 갑상선암'은 나아리(핵발전소 반경 1km), 하서리(5km), 경주 시내 (30km 이상)에서 20년 이상 거주한 주민 5명의 소변 속 삼중수소 농도와 그 지역의 식수를 비교했다. [그림 9]와 같이 핵발전

소로부터 가까이 사는 주민일수록 소변에서 더 많은 양의 삼중
수소가 검출됐고, 식수에서도 같은 결과가 나왔다. 성혜중 씨
는 나아리에서 2018년까지 식당을 운영하였는데, 특히 지하수
에서도 삼중수소가 검출되자 결과를 심각하게 받아들였다.

핵발전소 반경 1킬로미터에선 사람이 못 살아, 여기가. 특히 우
리 몸속만이 아니라 지하수에서도 삼중수소가 나온 걸 본 뒤로
나는 수돗물 말고 물을 지금까지 사다 먹어. 정수기 물을 마셔
도 되는데, 어차피 정수기 물이 수돗물을 퍼서 정수한 거잖아. 근
데 이젠 그걸 못 믿는 거지. 우리 집에도 지하수가 있어요. 해발
20~30미터 되는데, 우린 100미터까지 뚫어서 마셨는데, 삼중수
소 나온다고 한 뒤에는 아예 그 지하수를 폐쇄했어요. 한 4~5년
전부터 생수 사 먹었고. 몇 년 됐지. 장사할 때 어쩔 수 없이 정수
기 물을 주기도 했지만, 직접 산 생수를 손님들에게 주기도 했
었다고. (성혜중, 2021년 4월 6일 인터뷰 중)

〈추적 60분〉이 방영된 이후, 감시기구가 진행한 '월성원자력
본부 주변 주민 삼중수소 영향평가' 결과가 2015년 8월 20일
에 발표되었다. 한수원의 지원을 받아 동국대학교 경주캠퍼
스 산학협력단, 조선대학교 산학협력단, 한국원자력의학원이

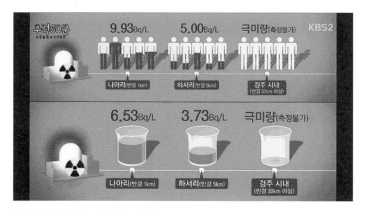

[그림 9] 거리에 따른 주민과 식수 내 삼중수소 농도 비교 결과. (출처: KBS 〈추적 60분〉)

2014년 2월부터 15개월간 월성핵발전소 인근 주민 246명, 경주시내 주민 125명, 울진핵발전소 인근 주민 124명을 대상(총 495명)으로 조사하였다.

감시기구가 발표한 조사 결과(표 4), 핵발전소에서 가까울수록 검출 평균치는 높았고, 핵발전소에 인접한 양남면(8.36)은 20킬로미터 이상 떨어져 있는 경주 시내(3.21)보다 2.6배 이상 높았다. 양남면은 실험에 참여한 61명 모두에게서 삼중수소가 검출되었다. 이에 반해 거리가 멀어질수록 양북면과 감포읍의 검출률은 떨어졌고, 30킬로미터 거리에 있는 경주 시내의 경우에는 125명 중 18.4%인 23명에게서만 검출되었다. 또한 경수로인 한울핵발전소와 비교하면, 한울원전 인근 주민의 경우 최대 120베크렐까지 검출되었지만 이는 특이사항이었고, 전반적인 분포로 보면 월성원전으로부터 20킬로미터 이상 떨어진 경주 시내보다 낮은 수준이다. 중수로인 월성핵발전소에 인접한 양남면은 검출된 삼중수소 평균 농도도 약 2배 이상 높으며, 조사에 참여했던 61명 전체에게서 삼중수소가 검출되었다.

이번 조사를 통해 핵발전소에서 가까울수록 주변 주민들에게서 삼중수소 농도가 더 높게 나타난다는 것이 재확인되었고, 특히 경수로에 비해 중수로인 월성원전 인근 주민들에게서 삼중수소 농도와 검출률이 높게 나타난다는 것을 확인하였다. 이

[표 4] 삼중수소 검출 평균치와 검출률 (단위: Bq/L)

지역		검출 평균치 (최솟값 / 최댓값)	검출률 (검출 수 / 전체 인원)
월성핵발전소 (중수로)	양남면	8.36 (2.9 / 28.8)	100% (61명 / 61명)
	양북면	5.82 (1.92 / 21.6)	95.7% (68명 / 71명)
	감포읍	3.84 (1.48 / 21.7)	79.8% (91명 / 114명)
	경주 시내	3.21 (1.84 / 36.2)	18.4% (23명 / 125명)
한울핵발전소 (경수로)	울진군	4.29 (2.06 / 120)	40.3% (50명 / 124명)

(출처: 환경운동연합, 2015. 8. 20)

에 환경운동연합은 저선량의 방사성 물질인 삼중수소라고 하더라도 체내에서 지속적인 내부피폭을 일으킬 경우 그 주변에서 살아가는 주민들의 건강에 영향을 미칠 수밖에 없기 때문에 '삼중수소의 건강영향 역학조사'를 진행할 필요가 있다고 지적하였다(환경운동연합 논평, 2015. 8. 20).

이렇게 2010년부터 2015년까지 감시기구와 〈추적 60분〉에서 실시했던 다양한 조사들의 결과는 같았다. 핵발전소에서 가까운 마을일수록 주민과 식수의 삼중수소 농도가 높고, 더 많은 사람의 몸속에서 삼중수소가 검출된다는 것이다. 이후 황분희 씨는 『한국 탈핵』을 쓴 김익중 교수를 만나 삼중수소를 어떻게 피할 수 있겠냐고 물었으나, "삼중수소는 끓여서 없앨 수도 없고 정수기로도 거를 수 없다"는 비관적인 이야기를 들었다. 김익중 교수는 유일한 방법은 "하루라도 빨리 이사하거나 최소한 지하수 대신 생수를 사 먹는 것밖에는 없다"고 조언하였다. '느린 폭력'인 방사성 물질은 피할 수도 없고, 그들이 인지하지 못한 사이에 자신들의 몸을 비롯하여 그들이 마시는 지하수까지 오염시켜 왔다.

대책위는 여기에서 멈추지 않고, 나아리 주민 40명의 요시료를 모아 직접 검사를 의뢰하기로 하였다. 〈추적 60분〉을 비롯한 지금까지 검사에 참여한 사람들은 전체 주민의 일부에 불과하기에 나아리 주민 40명을 모았다. 대책위도 모두 참여하였고 특히 삼대가 함께 사는 황분희 씨의 경우에는 당시 다섯 살이었던 손자를 포함하여 가족 모두가 참여하였다.

대책위는 환경운동연합과 함께 검사 결과를 2016년 1월 21일에 발표하고 대책 마련 요구를 위한 기자회견을 진행하였다. 검사 결과 40명의 주민 모두에게서 삼중수소가 검출되었고 특히 갑상선암 수술을 받았던 황분희 씨(28.1Bq/L)와 갑상선 항진증을 앓고 있는 남편(24.8Bq/L)에 이어 당시 다섯 살 손자(17.5Bq/L)가 40명 평균(17.3Bq/L)보다 높은 수치를 기록하였다. 성인들 외에도 5세(17.5), 8세(12.2), 9세(9.53), 10세(8.54), 11세(2명, 8.84와 11.4), 13세(10.8), 14세(18.0), 19세(7.37) 등 9명의 아동과 청소년이 포함되었고, 이들에게서 최소 7.37에서 최대 18.0의 삼중수소가 검출되었다. 특히 다소 높은 값을 보였던 황분희 씨의 손자(17.5)를 비롯한 가족들은 그들이 먹고 마시는 물도 이미 삼중수소에 오염되었기에 지난 일 년간 생수를 구입하여 생활하고 있었다.

또한, 2016년의 발표를 통해 월성핵발전소 인근 마을에 사는 주민들이 먹고 마시는 물과 음식을 통한 피폭 외에도 공기 호흡을 통한 오염의 가능성을 처음으로 의심하였고, 해당 내용을 기자회견을 통해 비판하였다. 즉, 삼중수소 오염 완화를 위해 간이상수도 대신 광역상수도를 설치한다고 하더라고 공기 호흡이나 인근 지역에서 채취한 농수산물을 통한 삼중수소의 내부피폭을 막을 수 없기에 '주민 이주'라는 근본적인 대책이 필요한 것이다.

삼중수소는 월성원전과 같은 중수로형 원전에서 많이 발생하는 대표적인 방사성 물질이다. 삼중수소는 장기적으로 노출될 때 백혈병이나 암을 유발하는 위험이 있다고 국제 논문 등에서 보고되고 있다. 더구나 방사선으로 인한 건강 피해는 성인에 비해 어린아이로 갈수록 더 민감하다. 원자력발전소가 정상 가동 중이더라도, 삼중수소 등 방사성 물질이 유출되고 있다는 사실이 이미 확인되었다. 또한 기준치 이하의 방사성 물질이라도 이에 의한 주민들의 건강피해는 입증된 상황이다. 월성원전은 중수로 원전이라서 삼중수소가 다른 원전보다 10배 이상 더 방출된다. 월성원전 주변은 월성 1호기 재가동으로 삼중수소 방출량이 더 늘었다. 그럼에도 원전 인근 피해 주민들에 대한 대책 마련이 제대로 이루어지고 있지 않아 방사성 물질에 의한 건강피해 우려가 아이들에게까지 미치고 있다. 특히, 이번 조사로 식수와 음식물 외에 호흡을 통한 방사능 오염이 추정되고 있어 광역상수도 마련만으로 대책이 될 수 없다. 이주 등 근본적인 대책이 필요함을 보여 주고 있지만, 정부나 원전 사업자인 한국수력원자력(주) 등은 주민들과 대책 마련을 위한 제대로 된 대화조차 진행한 적이 없는 상황이다. 원전 주변에는 암환자 발생이 높아지고 있지만 정부와 원전 사업자는 기준치 이하라고만 하면서 방사성 물질에 의한 건강피해에 대한 지속적이고 체계적인 조사가 없다. 정부와 원전 사업자는 원전 가동으로 건강 피해를 입고 있는 주민들에 대해 이주를 포함한 근본적인 대책을 마련해야 한다. (환경운동연합 기자회견문, 2016. 1. 21)

[표 5]는 2016년 1월 발표한 조사와 〈추적 60분〉에서 했던 조사를 포함하여 지금까지 발표되었던 '주민들의 체내 삼중수소 농도 조사 결과'를 정리한 것이다.

1번 조사를 할 당시에는 월성 1호기를 포함한 4기의 핵발전소가 모두 가동되어 가장 높은 수치의 삼중수소 농도 평균치가 나왔다. 2번과 3번 조사는 2012년 11월 20일 월성 1호기가 수명 만료로 가동이 중단된 이후에 요시료를 채취하여 조사한 것으로 1번에 비하여 절반 이상 낮은 수치를 보여 준다. 그러나 대책위 주최로 나아리 주민 40명이 참여했던 4번 조사의 경우에는 월성 1호기가 수명 연장 승인을 받고 2015년 6월 10일부터 재가동에 들어갔던 시점으로, 삼중수소 농도 수치는 17.3베

[표 5] 검체 확보일에 따른 평균값 변화 (삼중수소 평균값 단위: Bq/L)

번호	요시료 확보 (조사 발표)	삼중수소 평균값	참여 인원	조사 주최	당시 핵발전소 가동 현황
1	2011.2 (2011.3)	23.6	5명	경주시	4기
2	2014. 8~2015. 1 (2015. 8)	8.36	61명	동국대학교	3기 (월성 1호기 제외)
3	2015. 2 (2015. 3)	9.93	5명	KBS 〈추적 60분〉	3기 (월성 1호기 제외)
4	2015. 11~12 (2016. 1)	17.3	40명	대책위	4기
5	2016. 12 (2016. 12)	8.27	13명	대책위	0기 (5.8 지진으로 3개월간 중지)

(출처: 대책위 요시료 검사 보고서)

크렐로 다시 높아졌다(『오마이뉴스』 2016. 1. 24).

대책위에 의하면, 2번 조사와 3번 조사는 월성 1호기 수명 연장이 통과될 때까지 2년 반 동안 월성 1호기를 제외한 3기의 핵발전소만 가동되었다. 이후 대책위가 40명의 주민을 검사했던 2015년 11월부터 12월(4번 조사)은 4기의 월성핵발전소가 모두 가동되어, 8.36과 9.93이었던 평균값이 1년도 채 되지 않아 17.3까지 두 배가량 올랐다.

또한, 5번 조사는 2016년 9월 12일에 경주에서 발생했던 규모 5.8 지진으로 인하여 약 3개월간 월성핵발전소 4기가 모두 멈추었던 시기에 진행되었다. 즉, 핵발전소 4기가 모두 가동하지 않았던 시기에 주민들로부터 확보한 요시료를 검사하였고, 이때 검출된 삼중수소 농도는 8.27로 4기 모두 가동되었던 4번 조사에 비해 절반 이상 떨어진 것이다.

이처럼 총 다섯 번의 조사를 통해, 더 많은 핵발전소가 가동될 경우 더 높은 농도의 삼중수소가 배출된다는 것을 알 수 있다. 무엇보다 5번 조사는 일시적(약 3개월)으로 핵발전소 전체가 가동되지 않더라도 적지 않은 양의 삼중수소가 주민들의 몸속에 계속해서 남아 있다는 것을 또한 보여 주고 있다.

서울대학교 보건대학원의 백도명 교수는 다음과 같이 요시료 삼중수소 검출의 의학적 의미를 설명하였다.

소변 중에 삼중수소가 검출된다는 것의 의미는 몇 가지로 나누어집니다. 첫째는 환경노출의 평가 자료로서 의미를 가지기 때문에 기본적으로 환경 중 삼중수소에 노출된 것을 의미하지만, 조금 더 넓게 바라보면, 원전에서 배출된 혹은 누출된 다른 방사능 물질에도 노출될 수 있었다는 것을 의미합니다. 그러므로 전체적인 노출의 경로, 과정, 그리고 그 양 등에 대하여 세밀한 검토가 필요한 자료가 됩니다.

다음으로 소변 중 삼중수소는 방사능 물질이 체내에 들어와 일으키는 위험에 대한 평가 자료가 됩니다. 특히 외부피폭과 내부피폭에 있어 삼중수소는 큰 차이를 보일 수 있는 물질입니다. 왜냐하면 삼중수소는 베타입자를 방출하는 방사능 물질로서, 방사능 물질 붕괴 시 방출되는 베타입자 즉 전자는 그 에너지가 작아 신체 외부에서 방출되는 경우에는 피부를 투과하지도 못할 정도의 에너지이지만, 신체 내부에서 붕괴하는 경우에는 그 입자라고 하는 성질 때문에 비교적 짧은 거리의 범위까지 투과하지만 거꾸로 그 에너지가 전달되는 범위가 짧기 때문에 단위 거리당 전달되는 에너지 밀도는 오히려 더 높을 수 있게 됩니다. 그래서 에너지 밀도의 관점에서 내부피폭을 검토하는 경우, 신체 조직에 미치는 영향이 라돈의 알파입자와 같이 상당히 큰 문제를 야기할 수도 있습니다.

한편 삼중수소는 정상적인 수소와 똑같은 방식으로 화학반응을 하기 때문에 산소를 만나서는 물 분자를 만들고 탄소와 만나서는 탄수화물을 만듭니다. 사람의 신체로 삼중수소로 이루어진 물이 들어오는 경우 그 반감기가 약 10일 정도로 비교적 짧은 시간 동안에 배출되지만, 삼중수소가 신체 내에 들어와 탄소와 만나 대사 과정을 통해 탄수화물의 성분으로 바뀌면서 DNA 등 몸속 조직과 결합되는 경우에는 훨씬 더 오랜 시간 동안 몸에 머물게 됩니다. 그러다 붕괴되면서 삼중수소가 헬륨으로 바뀌게 되면 해당 탄수화물은 그 구조가 비틀어지면서 변성됩니다. 결국 해당 분자, 해당 세포, 그리고 해당 조직의 변성이 일어나면서 생체 기능이 변화할 수 있다는 문제가 제기되고 있습니다.

다른 한편 내부피폭이 태아 시절부터 혹은 어린아이 시절부터 계속된다는 것의 의미를 아직 우리는 잘 알지 못합니다. 단순하게 방사능으로 인한 위험에는 역치가 없기 때문에 아주 낮은 농도에서도 그 위험이 없어지는 것이 아니라는 점도 중요하지만, 어린아이들이 노출됨으로써 어떠한 효과가 있을지에 대해서 잘 알고 있지 못하다는 것도 매우 중요합니다. 이러한 점에서 독일 원전에서 삼중수소를 비롯한 방사능 물질의 방출에 따라 계산된 이론적인 방사능 노출량이 매우 매우 낮은 수준이지만, 원전에 가까이 사는 어린아이일수록 백혈병 발병 위험이 유의하게 증가하는 것이 보고되고 있다는 확인된 사실의 의미를 다시 생각하게 합니다.

아직 이러한 내부피폭의 위험성에 대해 충분히 그 의미가 다 파악되지 못한 상태에서, 소변 중에 삼중수소가 나온다는 것은 원전으로부터 방출된 방사능 물질에 노출된다는 것이며, 특히 내부노출이 되고 있어 그 위험성을 배제할 수 없기 때문에, 가능한 한 오염원의 관리를 제대로 해 환경노출을 줄임으로써 전체적인 위험을 줄여야 한다는 의미로 해석되어야 합니다. (환경운동연합 기자회견문, 2016. 1. 21)

이에 황분희 씨도 "걱정이 많이 되지, 당장은 아니더라도. 지금 백혈병으로 죽은 아이들도 다 중학생 때 그랬거든. 또, 15년, 20년 이후에 서서히 나타날 수도 있는 거고. 나는 괜찮지만, 이제 한창 크는 손자랑 손녀가 너무 걱정돼"라고 말했다. 무엇보다 "우리 가족 모두 참여했는데, 울산에서 일하는 내 딸이랑 김서방은 성인인데도 낮게 나왔거든. 그리고 나랑 바깥 양반 그리고 집에서 오랫동안 머물면서 밥도 먹는 손자가 유독 높게 나왔어"라고 말하였는데, 한 가족 안에서도 '더 많이 머무는 사

람'의 체내에서 높은 농도의 삼중수소가 검출되었다는 것을 알
게 되었다.

이렇게 다양한 실험과 조사들이 하나같이 핵발전소와 가까
운 마을에서 사는 사람일수록, 그곳에서 오래 머무는 사람일수
록 삼중수소 농도가 높게 검출된다고 발표하였지만, 그럼에도
여전히 "괜찮다"고 말하는 사람들이 많았다. 누군가에게는 당
장에라도 이곳을 떠나고 싶을 만큼 충격적인 결과였지만, 여전
히 신경을 쓰지 않는 주민들이 더욱 많았던 것이다.

이래서 되냐는 사람도 있었지만, 대다수가 '아 그냥 소변에 같이
나왔나 보다' 하고 넘겼어. 그럴 수밖에 없는 게 한수원이 평생
"괜찮다. 검출돼도 기준치 이하라서 괜찮다"고 말해 왔으니까.
그리고 어른들은 "나는 지금까지 별 탈 없이 살았는데, 뭐가 문
제야?"라고 생각하더라고. (황분희, 2021년 6월 30일 인터뷰 중)

여전히 많은 주민은 '안전 신화' 혹은 '기준치 이하라서 괜
찮다'라는 한수원의 논리를 그대로 받아들이거나, "내가 아프
지 않은데 뭐가 문제야"라고 대수롭지 않게 생각하였다. 이에
황분희 씨는 "일부 사람들이 멀쩡한 것은, 그들이 운이 좋아서
그럴 수도 있는 거잖아. 면역이 약하고 기저질환이 있는 사람

들이 이미 암에 걸려서 돌아가셨다고 생각해야 하는데. 나는 살아 있어서 괜찮다, 나 하나만 생각하지 말고, 그 사람들이 왜 죽었는지를 생각해 봐야 한다"며 답답함을 호소하였다.

피해자가 가해자가 되는 순간

이처럼 자신들의 몸속이나 그들이 평생을 마셔 왔던 지하수에서 삼중수소라는 '느린 폭력'이 있다는 것을 직접 확인했던 경험은 "이주대책을 마련하라"는 대책위의 주장에 힘을 실어주었다. 여전히 삼중수소가 암을 비롯한 건강에 어떠한 영향을 주는지 명확한 인과관계가 밝혀지지 않았지만, 그들은 삼중수소 피폭에 의한 잠재적인 '피해자'가 됨으로써 자신들의 몸을 근거로 한수원과 정부에 강력하게 목소리를 낼 수 있었다.

하지만 피해자가 되는 과정, 혹은 피해자로 인정받기 위한 과정은 곧 누군가에게는 불편한 진실을 깨닫는 순간이기도 하였다. 가족들에게 이 위험한 곳에서 함께 살자고 설득한 것에 대한 미안함과 죄책감은 스스로를 또 다른 '가해자'로 만든 것이다. 마치 가습기 살균제 사건에서 부모, 조부모들이 자식과 손주의 건강을 생각하여 구입하고 사용한 살균제가 오히려 아이들의 건강을 빼앗은 것처럼, 황분희 씨는 자신의 선택을 후회하고 있다.

> 내가 키워 줄 테니까 우리 집으로 들어오너라. 그럼 내가 키워 줄게. 그래서 딸 내외가 여기로 들어온 거야. 우리 손자는 여기서 임신해서 놓은 거지. 아마 그때 내가 애를 봐 준다고 하지 않았으면 여기서 지금처럼 같이 살지 않았을 텐데. 사실 후쿠시마 사고 날 때부터 불안해지기 시작하는 게, 그 불안한 것이 적중을 한 거야. 지금은 애들한테 나가라고 해도 안 나가. 왜 그냐면 할머니 할아버지 놔두고, 위험하다면 다 같이 나가야 하지, 왜 그렇게 하냐고. 걱정 없이 애를 키웠지. 근데 그 희망이. 아, 내 손자가. (황분희, 2021년 3월 9일 인터뷰 중)

황분희 씨는 첫째 딸 내외에게 들어오라고, 애 키우는 것이 걱정이면 자신이 여기서 키워 주겠다고 말한 것을 후회하고 있다. 30년 전 이 마을에서 딱 3년만 살고 나가려고 했지만, 바다가 좋고 동네 인심도 좋아 고향인 안동보다 더 오래 살았다. 핵발전소가 있는지도 모르고 이 마을에 들어왔고, 그곳에서 손자가 태어나 살고 있다. 삼중수소라는 눈에 보이지 않던 위험 물질을 밝혀 내고 비판해 왔던 과정은 이제 '피해자로 인정받을 수 있겠구나'라는 희망과 함께 '나 때문에 아이들이 이 위험한 곳에서 살고 있다'는 절망을 깨닫는 순간이었다. 무엇보다 모순적인 것은, 그 상황에서 이주를 요구하며 싸워 왔던 자신이 가족에게 함께 살자고 권유한 또 다른 '가해자'가 되어 미안함과 죄책감을 느낄 수밖에 없다는 점이다.

애들이 우리를 너무 좋아해서 이젠 안 나가려고 해. 참 걱정 없이 애를 키웠는데, 삼중수소 검사 결과를 받는데 그 희망이 무너진 거지. 이것만 생각하면 하늘이 무너지고 억장이 무너지더라고. 정말 아무 생각이 안 났어. 처음에는 진짜, 머리가 뭐 돌로 진짜 망치로 한 대 맞은 기분이었어. 애들한테 너무 미안하지. 나만 욕심을 부리지 않았으면 이렇게 애들이 피해를 보지도 않을 텐데. 늘 불안한 생각은 갖고 있지. 애들 놀다가 코피가 좀 나도 왜 저렇게 코피가 나지, 자꾸 걱정이 되고. (황분희, 2021년 3월 9일 인터뷰 중)

가족들에 대한 미안함과 죄책감은 오히려 황분희 씨가 대책위 활동을 더 열심히 하도록 만들었다. 황분희 씨는 "우리 가족을 위해 힘들지만 더 힘을 내겠다"라고 다짐했는데, 그러나 그녀는 알고 있을까? 영화 〈월성〉 마지막 장면에서 그녀의 손녀가 쓰고 읽은 편지에서 보듯, 손녀가 할머니를, 가족들과 함께 살아가는 이곳을 얼마나 사랑하는지를 말이다. 손녀는 이제는 더 죄책감을 느끼지 말라고, 우리에게 이사하라는 말은 하지 말라고, 그리고 "지금처럼 행복하게 같이 살자"라며 할머니를 오히려 위로하고 있었다. "할머니 할아버지 우리 가족 모두 같이 사는 우리 집이 좋"다고 말하는 누군가의 아주 평범한 소망이 이곳에 있다. 또한, 그 소박해 보이지만 누군가에게는 간절한 소원을 지키기 위해 8년째 상여시위를 하는 누군가가 이곳, 월성에 있다.

나는 우리 마을, 양남 나아리 우리 집이 정말 좋아요
봄이 오면 집안 가득 이쁜 꽃들이 피고
여름 바닷가에 가면 시원한 바람에 더위를 식히고
할머니가 삶아 주신 옥수수를 먹으며 마당에서 물놀이도 하고
가을이 되면 예쁜 색으로 익은 사과랑 감도 따고, 고구마도 캐고
겨울이 되면 옹기종기 모여 우리 밭에서 자란 고구마를 먹을 수 있는
우리 집이 정말 좋아요
할머니, 할아버지와 함께 사는 우리 집이 정말 좋아요

근데 지금은 잘 모르겠어요

할머니는 아빠 엄마와 우리만 이사를 갔으면 좋겠다고 늘 말

씀하세요

하지만 나는 할머니 할아버지 우리 가족 모두 같이 사는

우리 집이 좋아요

(영화 〈월성〉 중, 황분희 씨 손녀의 편지)

참고 문헌

경주핵안전연대, 성명서 「노후한 월성 1호기의 수명 연장 계획을 당장 철회하고 영구폐쇄하라!」,
 2011. 3. 17.

남태제·김성환, 영화 〈월성〉, 『뉴스타파』.

닉슨, 롭(2020), 『느린 폭력과 빈자의 환경주의』 김홍옥 옮김, 서울: 에코리브르.

『연합뉴스』 「원전지역 주민 건강 이상 없어」 1996. 5. 8.

양이원영, 「생수 마신 5세 아이까지 피폭, 더는 살 수 없다」 『오마이뉴스』 2016. 1. 24.

유경현, 「원전을 불안하게 생각하는 진짜 이유」 『피디 저널』 2015. 3. 31.

『탈핵신문』 「삼중수소방사능주민건강영향평가 실시 의의와 과제」 2012. 9. 10.

환경운동연합, 논평 「월성원전 주변 주민 삼중수소 오염 다시 확인돼, 역학조사 진행해야」 2015. 8.
 20.

환경운동연합, 기자회견 자료 「월성원전 주민 방사성 물질 삼중수소 검출 결과 발표 및 대책 마련 요
 구 기자회견」 2016. 1. 21.

KBS 2TV, 〈추적 60분〉, "원전과의 불편한 동거", 2015. 3. 21.

5.8 지진 이후
자신보다 더 걱정되었던
핵발전소의 안전

2016년 9월 12일, 그날 무슨 일이 있었나

한반도는 지금까지 '불의 고리'라고 불리는 환태평양 조산대에서 벗어나 상대적으로 지진으로부터 안전한 지대라고 인식되었다(『서울신문』 2017. 1. 3). 그러나 2016년 9월 12일 저녁에 발생했던 지진은 1978년부터 시작된 기상청의 계기 지진 관측 이래 기록된 가장 큰 규모의 지진이었다(기상청, 2017. 10). 당시 부산 광안리에 위치한 오래된 아파트 4층에 있었던 소설가 정찬 씨는 "둔중한 소리와 함께 창문이 흔들리면서 바닥이 푹 꺼지는 듯한 느낌을 받았다. 다시 벽과 천장이 흔들렸고, 티브이 뉴스에서는 앵커와 전화 인터뷰를 하던 시민의 공포에 질린 목소리가 나왔다. '계속해서 흔들리면 이 집이 무너질 수도 있겠구나'라고 생각하던 그는 돌연 원전을 떠올리고는 몸이 느끼는 두려움의 크기도 커졌다"라며 경주 5.8 지진이 일어났던 그날의 기억을 전하였다(『한겨레』 2016. 9. 9).

기상청이 발간한 「9·12 지진 대응 보고서」에 의하면, 2016년 9월 12일 19시 44분 32초에 경북 경주시 남남서쪽 8.2킬로미터 지역에서 규모 5.1의 전진이 발생하였다. 진앙의 깊이는 15킬로미터 내외였고, 경주와 대구뿐 아니라 부산, 울산, 창원에서도 지진을 느낄 수 있는 것으로 나타났다. 전진 이후 9월 12일 20시 32분 54초에 경북 경주시 남남서쪽 8.7킬로미터 지역에서 규모 5.8의 본진이 발생하였다. 진앙 깊이는 15킬로미터 내외이고, 진도는 경주와 대구에서는 6, 부산과 울산 그리고 창원 등에서는 5 정도로 나타났다. 역대 최대 규모의 지진이 발생한 뒤 2.0~3.0 규모의 여진도 밤새 2백 차례 이상 발생했다. 2백여 차례의 여진으로 인해 적지 않은 시민들이 집에 들어갔다 나오기를 반복하며 뜬눈으로 밤을 지새울 수밖에 없는 그런 날이었다(『국민일보』 2016. 9. 14).

행정안전부(당시 국민안전처)가 집계한 인명피해 및 재산피해(2016년 9월 25일 06시 기준)는 총 9,319건으로 조사되었다. 「9·12 지진 대응 보고서」는 지진 감지 정도에 대해 경주 시민을 대상으로 설문조사를 하였는데, 23%의 시민들은 "벽걸이, 액자 등이 떨어지거나 꽃병과 유리 기구가 깨졌다"고 답했고, 13%는 "담, 벽에 약간의 금이 가고 기와가 떨어졌다"고 대답하였다. 9월 12일 지진 이후로 계속 발생하고 있는 여진에 대해서는 62%의 시민들이 "작은 흔들림에도 매우 두려움을 느낀다"고 답했다. 또한, 울주군 외와마을 주민들은 "9월 12일 지진 이후로 지진 대응은 어떻게 하고 있나"는 질문에 "지진에 대비하고 싶지만 할 수 있는 게 없다", "지진에 어떻게 대비해야 할지 모르겠다"라며 답답함을 호소하였다.

이처럼 2016년 9월 12일 5.8 지진은 한반도 대부분의 지역에서 감지되었으나, 아마도 가장 마음을 졸여야 했던 사람들 중의 하나는 소설가 정찬 씨가 말한 것처럼 '핵발전소 인접지역에 사는 주민'이었을 것이다. 특히 월성핵발전소 근처에 사는 주민들의 경우에는 지진의 공포 못지않게 핵발전소의 위험성과 사고 가능성을 동시에 생각하지 않을 수 없었다.

당신이 만약 핵발전소 최인접 마을에서 산다고 가정해 보자. 2016년 9월 12일 5.8 지진이 발생했을 때 당신이라면 집 안에 있을 것인가, 아니면 넓은 공터에 나가 지진이 무사히 지나가기를 기다릴 것인가? 지진 대피 요령을 따르자면 마땅히 넓은 곳에 나가는 것이 맞지만, 강력한 지진에 의해 핵발전소가 안전한지를 확신할 수 없는 이들에게 '핵발전소가 보이는 밖으로 나가는 것'은 방사성 물질에 피폭되는 위험한 행동으로 이어질 수도 있다. 즉, 지진의 공포와 핵발전소 사고를 동시에 걱정해야 했던 이들은 집을 나갈 수도, 집에만 있을 수도 없는 끔찍했던 밤을 보냈다.

김진선 씨는 "굉장히 심했지. 5.8인데, 내가 그날 누워 있었는데, 캬. 집 전체가 흔들렸어. 내가 저 방에 누워 있었는데, 이 집이 확 갔다가 오더라고. 정말 한 번 더 가면 무너지겠더라고. 완전히 여기서 몇 미터씩 땅이 움직이는 것 같았어"라고 말하며, 그렇게 강한 지진은 칠십 평생을 살면서 처음이라고 말했다. 전 이주대책위원장 김정섭 씨도 5.8 지진이 났던 당시 상황을 생생하게 기억하고 있었다.

무슨 사고 나면 원자력에서 방송하는 줄 아는데, 전혀 안 한다고. 40년 전에 지은 집이거든. 근데 지진이 나자 사람이 미끄러질 정도로 흔들리더라고. 밤에 비도 왔는데, 동네 아지매들이 전부 비 맞으면서 밖에 서 있더라고. 한수원에서 원전이 안전하다든가, 높은 데로 가든지 아니면 가만히 있으라고 하든지 방송을 해 줘야 하는 게 원칙 아니야? 근데 방송이 안 나왔다고…. 휴대폰도 안 되고, 경주시 재난본부에서 한 시간 정도 돼서 "월성원자력은 안전합니다"라는 문자가 왔는데, 뭐 그 사람들이 직접 봤는가? 그냥 원전에서 안전하다고 하니까 그렇게 앵무새처럼 보낸 거지. 20~30년 전에는 한수원이 방송을 직접 했는데, 지금은 안 한다고. 뒤늦게 뉴스에서 떠들어서 알지, 가까운데 사는 우리만 모른다고. 주민이 제일 먼저 알아야 하는데, 앞집 아지매가 벌벌 떨면서 물어보더라고. 학교나 제일 높은 데로 올라가야 하는 거 아니냐고. 아니 일본처럼 해일이 일어날지 누가 아냐고. 암튼 그날 아지매 다섯 명인가 밖에서 서성거리고 있는데, 이제 집에 가려고 보니까 겁이 나서 나더러 가지 말고 같이 있습시다 카더라고. (김정섭, 2021년 4월 22일 인터뷰 중)

김정섭 씨는 역사상 가장 강력했던 5.8 지진이 발생했는데도 한수원은 가장 가까운 마을에 사는 주민에게도 핵발전소의 상태를 알리지 않았고 어디로 대피하라는 안내도 없었다고 지적했다. 그 무엇도 울리지 않았던 밤에 주민들은 어떻게 행동해야 할지, 어디로 가야 할지를 모른 채, 비를 맞으며 밖에서 벌벌 떨고 있어야 했다. 특히 5.8 지진은 주민들에게 후쿠시마 사고를 다시 떠오르게 했다.

하세가와 고이치 교수는 『탈원자력 사회로 — 후쿠시마 이후, 대안은 있다』라는 책을 통해서 후쿠시마 사고의 원인과 경과를 상세하게 설명하였다. 요약하자면, 2011년 3월 11일 일본 혼슈의 북동쪽 해안에서 규모 9.0의 강진(동일본대지진)이 발생했다. 이 지진으로 태평양판이 격렬하게 흔들리면서 지진성 해일인 최고 높이 약 10미터의 쓰나미가 몰려왔다. 지진 발생 당시 도쿄전력의 후쿠시마 제1원전 원자로 총 6기 중 1호기에서 3호기까지는 운전 중이었고, 4호기에서 6호기까지는 점검을 위해 운전이 정지된 상태였다. 지진으로 원전에 전력을 공급하는 송전탑이 무너지면서 1호기에서 6호기의 외부 전원이 모두 끊겼고, 이후 거대 해일로 비상용 디젤 발전기도 물에 잠겨 결국 무용지물이 되었다. 이로써 원자로 냉각 펌프의 가동이 멈췄다. 또한 원자로에 연결된 각종 배관도 파손되었다. 이후 원자로 내부의 온도가 급상승하면서 냉각수가 증발해 물속에 잠겨 있어야 하는 연료봉이 노출되었고, 연료봉도 온도가 급상승하면서 녹아내렸다. 연료피복관 재료인 지르코늄이 물과 반응하면서 다량의 수소가 발생했다. 지진 발생 후 하루 만에 1호기 원자로 건물 내에서 수소폭발이 일어났고, 2011년 3월 월성핵발전소 근처에 사는 주민들도 이 광경을 똑똑히 목격했다.

경주 5.8 지진은 주민들에게 5년 전 티브이를 통해 수없이 봤던 '후쿠시마 핵발전소 폭발'을 다시 생각나게 한 것이다. 황분희 씨는 5.8 지진을 생각하면서 "우리 국민은 참 운이 좋았어"라고 대답했다. "만약 6.0을 넘는 지진이 왔다면 여기 월성원전은 끝났을 텐데, 거기서 멈춰 줘서. 정말 우리는 운이 좋은 국민이구나 싶더라고. 자기들은 6.0 내진 설계가 되어 있다고 말했지만, 5.8 지진 있을 때도 4기 모두 멈췄잖아. 계측기도 다 고장 났고 완전히 개판이야. 만약에 6.0이 넘어갔다면 어떤 일이 벌어졌을지 정말 끔찍하더라고."*

황분희 씨는 그날 늦은 저녁 울산에 사는 딸로부터 전화를 받았다. 아파트 19층에 살던 황분희 씨의 딸은 너무나 놀라 전화를 걸어 "엄마, 집이 막 흔들려. 나 지금 집에 갈 거야"라고 말했다. 그러나 황분희 씨는 그녀의 딸에게 오면 안 된다고, 이곳이 더 위험하다고 단호하게 말해야 했다.

전기도 정전됐고, 텔레비전도 안 나왔어. 전화도 불통이었고. 나중에 보니까, 방송에서 원자력이 괜찮다고 해서, 그걸 보고 안전

---

* 한수원은 월성원전이 규모 6.5의 지진에 견딘다고 밝히고 있다. 규모 6.5 내진 성능은 월성원전의 내진 설계 기준인 0.2g(최대지반가속도, PGA, Peak Ground Acceleration, 지진 발생 시 땅에 미치는 힘의 크기 혹은 지진 충격의 강도. 단위는 g이며 이는 1초에 1미터를 미는 힘)을 지진 규모로 환산한 값이다. 그러나 2016년 9월 12일 경주에서 규모 5.8 지진이 발생했을 때 진앙으로부터 5.9킬로미터 떨어진 명계리 관측소에서 계측된 최대지반가속도 역시 0.2g을 초과하는 0.257~0.285g이었다. 또한, 진앙에서 8.2킬로미터 떨어진 울산 관측소에서 0.351~0.404g의 최대지반가속도가 측정됐다(국민안전처, 2017). 월성원전의 내진설계 기준인 0.2g를 두 배 초과하는 지진 충격이 울산 관측소에서 일어난 것이다. 이처럼 원전의 내진 설계와 지진 규모는 무관하다. 규모 5.8의 지진에너지도 지반의 상태에 따라 0.2g를 훨씬 능가하는 충격을 가져온다.

하구나 생각했지. 그리고 그날 저녁에 집에 안 들어간 사람도 많
아. 울산 막내딸이 19층에 살았어. 5.8 지진이 나니까 울산까지
다 흔들리는데, 얘가 놀란 거야. 그때는 통화가 될 때니까 "엄마,
집이 막 흔들려. 나 집에 갈 거야"라고 한 거야. 엄마 곁으로 온다
는 거지. 아이고 얘야, 이리 오면 안 돼, 딴 데로 가라고 말하니 얘
는 또 당황한 거야. 걔는 모르지. 몰랐지. 원전 때문에 여기가 더
위험할 수 있다는 걸. 사실 우리집은 1층이고, 19층 아파트보다
더 안전해 보이니까 엄마 곁으로 오겠다고 한 건데. "얘야, 일로
오면 안 돼. 딴 데로 가야 한다"고 말을 한 거지 내가. 여기 진선
이 아저씨도 애들 울산으로 전부 다 내보냈어. 우리도 그랬고. 혹
시나 지진이 다시 올 수 있으니까. (황분희, 2021년 6월 2일 인터
뷰 중)

지진이 나자 그녀의 딸은 자신이 살던 곳이자 부모님이 있는
나아리를 떠올렸다. 그녀에게 이곳은 다른 어떤 장소보다 안전
한 곳이었기 때문이다. 그러나 황분희 씨는 울산을 피해 경주
에 오겠다는 딸에게, "이곳이야말로 가장 위험한 곳이야"라고
말하며, "다른 곳으로 가야 한다"고 말을 할 수밖에 없었다. 핵
발전소가 있는 이곳의 불안정한 상황 때문에, 지진을 경험하면
서 놀란 자신의 딸을 지켜 주거나 안심시켜 주지 못하였다. 이

처럼 핵발전소가 인접한 지역에 사는 주민들이 5.8 지진을 경험한 방식은 다른 지역에 사는 사람보다 더 심각했다.

> 대피를 어떻게 하냐. 할 수가 없었어. 그때 애들 둘(손자, 손녀)은 집에 있었고 부모는 울산에 일하러 갔고. 뭐 그때는 폰도 꺼졌었고 텔레비도 안 나왔고, 큰딸이 집으로 연락하는데 연락이 안 되잖아. 안 되니까, 그때는 우왕좌왕했지. 누구 하나 어떻게 하라는 게 없었어. 나중에 지자체에서 큰 건물로 가라, 대피소로 가라고 했거든. 우리 마을 대피소가 나산초등학교거든. 그 진선이 아저씨가 가 봤는데 안 열어 놓고, 준비도 안 해 놓고 있었대. 기가 막히는 거지. 우리는 그냥 집에 있었는데, 고민이 되는 거야. 자, 원자력이 얼마나 잘못됐는지, 방사능이 바깥으로 새고 있는지, 우리는 바깥으로 나가야 할지, 집에 있어야 할지가 판단이 안 서는 거야. 전문가들은 중대 사고가 나서 방사능 물질이 바깥으로 샐 경우에는 나가지 말라고 했거든. 집에서 문을 다 닫고 대기하라고 했는데. 나중에 애들 엄마가 어떻게 해서 집에 왔어. 손녀가 배낭에 생존가방을 싼 거야. 집에 있는 라면, 물, 약품을 가득 넣어서. 그 정도로 심각했어. (황분희, 2021년 6월 2일 인터뷰 중)

뒤늦게, 나아리에 사는 주민들은 대피소인 나산초등학교로 가라는 연락을 받았다. 그곳은 5.8 지진과 월성핵발전소로부터 주민들을 안전하게 지켜 줄 수 있었을까?

자물쇠로 잠겨 있던 대피소와 무용지물의 보급품들

김진선 씨는 5.8 지진이 난 이후 "나산초등학교로 대피하라"는 방송을 듣고 급히 집을 나왔다. 집에서 500미터 떨어진 초등학교까지 한걸음에 달려갔으나, 나산초등학교 정문은 자물쇠로 잠겨 있었다.

지진이 나고 시간이 한참 지났는데, 나산초등학교로 피신하라고 방송이 나왔어. 대피소가 있으니, 거기로 대피를 하라고. 내가 갔어. 인자 가니까, 문도 잠겨 있고, 공무원이 한 사람도 없는 거야. 그래서 내가 이걸 다른 방송에서도 많이 얘기했거든. 우리한텐 너무 중요하니까. 지진이 나고 몇 시간이 흘렀는데, 대피안내원이나 공무원이 나와서 주민들을 안전하게 대피시켜야 할 거 아니냐. 왜 한 사람도 없냐. 그래서 한수원이 아니라 면사무소가 그걸 담당한다 카더라고. (김진선, 2021년 3월 26일 인터뷰 중)

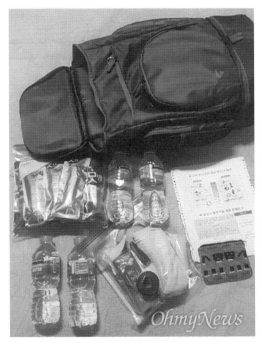

[그림 10] 5.8 지진 당시 황분희 씨 손녀의 생존가방. (출처: 『오마이뉴스』)

『뉴스타파』의 「후쿠시마 원전 사고 7년 기획 ― 검은 눈의 공포, 우리의 주민보호대책은」에서 김진선 씨는 지진 등으로 인한 원전 중대 사고가 났을 때 지자체의 허술한 대비책에 대해 주민들이 가지고 있는 불신을 다시 강조했다. 그는 자신만이 아니라 여러 대의 차량이 나산초등학교에 왔지만, 정문이 닫혀 있어서 돌아간 차량이 많았다고 말했다. 할 수 없이 집으로 돌아간 그는 자정이 되어서야 나산초등학교 문을 열었다는 방송을 들었고, '이건 정말 아니다'라고 생각하였다. 이에 『뉴스타파』는, 주민을 보호하는 것이 지자체, 특히 경주시 양남면 사무소의 역할인데 9월 12일 5.8 지진이 났을 때 왜 제대로 대응하지 못했는지 관계자에게 물었다. 경주시 양남면사무소 관계자는 "나간 사람이 없는 게 아니라, 나가긴 나갔습니다. 나갔는데, 저희가 원전 방재랑 지진 이런 부분들이 당시만 하더라도 같이 연계돼서 준비하는 부분들이 미흡했습니다"라고 대답했다(『뉴스타파』, 2018).

문제는 여기서 그치지 않았다. 대피 시설로 지정된 학교 운동장이나 마을회관 중에서 방사능 방호 시설을 갖추거나 방호 물품을 제대로 구비하고 있는 곳은 없었다. 지진 발생 한 달 후인 2016년 10월 12일, 〈추적 60분〉은 '지진 한 달, 긴급 원전 안점점검' 방송을 통해서 비상시 주민들을 위한 보급품이나 대피 준비가 얼마나 부족한지를 보여 주었다. 방사성 물질 누출에 대비하여 주민들을 위한 방호복들이 보관된 곳은 지정대피소인 나산초등학교가 아니라 나아리 마을회관이었다. 만약에 핵발전소에서 사고가 날 경우, 고령의 주민들은 수백 미터 떨어진 마을회관에 들러 신발부터 머리까지 가릴 수 있는 방호복을 입고 그곳에서 다시 수백 미터 떨어진 초등학교까지 가야 한다. 그러나 이렇게 배치된 방호복은 예산상의 문제로 "방사선 외부피폭으로부터 주민을 막아 주는 기능이 아니라 분진이나 먼지를 막아 주는 기능"밖에 없었다.

한수원은 사고가 나면 그 대응은 한수원이 아니라 모두 경주시나 양남면이 한대. 어떻게 이 마을에서 한 시간 떨어진 곳에 있는 경주시가 버스로 주민들을 피신시킨다는 거야? 아니 방사능이 공기 중으로 순식간에 퍼져 나가는데. 그게 움직여? 다 살려고 자가용 타고 나와서 못 움직이잖아. 그런 말도 안 되는 소리를 하더라고. 그렇게 매뉴얼이 짜여 있다고. 하루는 경주시 공무원이 나와서 방재 훈련을 하니까 마을회관으로 나오라고 방송을 하더라고. 나는 계속 안 가다가 한 번 가 봤는데, 경주시 공무원이 사고가 나면 방재복을 어떻게 입고 대피소가 어디인지를 설명하는 거야. 공무원을 보고 "그러면 회관에 있는 방재복은 방사능을 막아 주냐?"라고 물었지. 아니라는 거야. 알고 보니 노동자들 먼지 막아 주는 옷이라는 거야. 방재복이 너무 비싸서 다 해 줄 수가 없대. 그럼 차라리 그걸 입지 말고 도망가라는 게 낫지. 고령의 어르신들이 거기까지 가서 시간 들여 방재복을 입는 동안 더 피폭되는 거 아니야? (황분희, 2021년 6월 2일 인터뷰 중)

또한 방사능 누출 사고가 발생할 경우, 사고 반경 5킬로미터에 거주하는 주민들은 갑상선암 예방을 위해 즉시 요오드(아이오딘제)를 복용해야 한다. 황분희 씨는 방재 훈련을 교육하던 경주시 공무원에게 요오드는 어디에 있냐고 물었다.

우리가 첫 번째로 먹어야 할 게 뭐냐면, 요오드야. 갑상선암을 막아 주는 요오드 약은 어디에 배치되어 있냐고 물었거든. 방재복이든 약이든 각 가정에 배치해야 되지 않냐고. 사고가 나면 가정에서 요오드 약을 먹고 방재복을 입은 뒤 도망쳐야 하는 게 맞잖아. 노인정까지 나와서 방재복을 입고 또 요오드를 먹으려면 5킬로미터 떨어진 면사무소까지 가야 돼. 아니 어느 공무원이 집마다, 양남면이 몇백 가구인데, 이게 전부 다 형식적인 거 아니냐. 사고가 나면 정말 속수무책이겠다 싶더라고. (황분희, 2021년 6월 2일 인터뷰 중)

요오드는 황분희 씨의 설명처럼 방호복이 있는 마을회관에서도 4~5킬로미터 더 떨어진 양남면사무소에 일괄 보관되어 있었다. 일본이나 미국의 경우에는 핵발전소로부터 5킬로미터이내 가정에 미리 배포하여, 비상시 주민들이 집에 보관된 요오드를 쉽게 복용할 수 있지만, 우리나라의 경우에는 20명 내외의 양남면사무소 공무원이 6,000여 명이 넘는 주민들에게 배포해야 한다(〈추적 60분〉 2016). 이에 황분희 씨는 "이런 건 형식일 뿐이에요. 원전 근처에 사는 주민을 진정으로 생각한다면 이런 시스템은 정말 틀린 거예요. 철저한 보호가 안 되잖아요. 우리는 그게 너무 불안하고, 정말 5.8 지진이 난 이후로 여기 사는 젊은 사람들이나 노인들은 불안해서 어디서 꽝 소리가 나면 아이고 원자력 뭐 또 잘못된 거 아니냐는 생각, 이런 불안함에 시달리고 있어요. 원자력도 불안하고 지진도 불안하지. 결국엔 우리 마음 상태가 항상 불안한 거예요"라고 비현실적인 대응과 조치를 비판하였다.

5.8 지진 이후 핵발전소와 한반도는 안전할 수 있을까?

지진이 발생하고 55분이 지나서야 한수원은 "지진 영향은 없고, 원전은 정상 운영 중에 있다"고 발표했다. 그러나 안전하다는 발표와는 달리 지진 발생 네 시간 뒤(밤 11시 56분)에 월성의 모든 원전을 순차적으로 수동 정지시켰다. 당시 전휘수월성원자력본부 본부장은 "발전소를 정지하고 시설에 대한 정밀 안전점검을 하는 것이 필요하다고 (비상절차서에) 기술이 되어 있기 때문에 거기에 따라서 순서대로 적용한 것입니다"라고 말했다.

한수원은 이틀 뒤 발표한 '9월 14일 일부 언론사의 경주 지진 발생 때 원전 멈출지 말지 3시간 걸려 등 늑장 대응 논란 관련 아래와 같이 설명합니다'라는 제목의 보도자료를 통하여 "시설 안전에는 이상이 없었지만, 철저한 예방점검 차원의 선제적 조치였다"고 강조하였다. 당시 월성핵발전소의 최대기반 가속도는 0.0981g이었으며, 이는 수동 정지 기준인 0.1g보다 낮아서 수동 정지할 필요는 없었다는 것이다. 이후 한수원은 3만 8,500여 개에 달하는 기기의 내진 성능(0.3g, 규모 7.0 수준)을 확보하기 위한 조치를 수행하였다. 국제적으로 공인된 평가 방법에 따라 안전 정지, 냉각 유지에 필수적인 핵심 계통에 대한 내진 성능 평가도 거쳤고, 대부분의 기기가 0.3g 이상의 내진 성능을 확보했다는 진단을 받았다(『뉴시스』 2021. 3. 9).

그렇다면, 경주 지진 이후 규모 7.0 수준의 지진을 견딜 수 있도록 내진 성능을 강화한 핵발전소는 안전하게 운영될 수 있을까? 일본의 사례처럼 규모 7.0을 훌쩍 뛰어넘는 강력한 지진이 발생할 가능성은 없을까? 만약 발생한다면, 한수원은 핵발전소와 그 근처에 사는 주민들의 안전을 최우선으로 여기며 지금과는 다른 조치를 취할 수 있을까? 이 질문에 대답하는 것은 쉬운 일은 아니다. 그러나 과거 한반도에 발생했던 지진의 기록과 함께 최근 수행된 연구를 통해 적어도 "핵발전소와 한반도의 안전은 보장할 수 없다"는 답변을 내릴 수 있다.

한반도에서 기록상 최초의 지진은 서기 2년, 고구려 유리명왕 21년 8월이다. 이후 1905년 인천에 근대적인 지진계가 설치되기까지 『삼국사기』·『고려사』·『조선왕조실록』에 나타난 유감(有感)지진*이 1,800회에 이른다. 가장 강력한 지진은 신라 혜공왕 15년(779)에 발생했고, "경주에서 지진이 일어나 백성들 집이 무너지고 100여 명이 죽었다"고 『삼국사기』는 전한다 (『중앙일보』 2010. 2. 11).

무엇보다 경주 5.8 지진은 12기의 핵발전소(가동을 멈춘 고리, 월성 1호기 추가)와 중저준위 방사성폐기물 처리장(이하 방폐장)이 바로 활성단층 중 하나인 양산단층대 위에서 운영되고

---

* 사람이 지진동(地震動)을 느낄 수 있을 정도의 지진.

있다는 '충격적인 사실'을 알려 주었다. 한국지질자원연구원은 2009년 국민안전처(당시 소방방재청)로부터 20억 원을 지원받아 3년간 연구용역을 수행하여 「활성단층지도 및 지진 위험 지도 제작」이라는 제목의 보고서를 작성하였다. 이 보고서는 특히 양산단층을 규모나 활성도면에서 1등급 활성단층*으로 분류하였다. 즉, 경주-양산-부산에 이르는 170킬로미터의 양산단층대가 1등급의 활성단층이라는 내용이 담긴 보고서를 제출했지만, 이는 발간되지 못하였다(『탈핵신문』 2016. 11. 14).

2016년 국정감사에서 신경민 전 의원은 "이 보고서가 빛을 못 본 것 같다"고 지적하자, 보고서의 주저자인 한국지질자원연구원 최성자 박사는 "공청회에서 다수의 의견 중에 잘했다는 것도 있었지만, 어떤 전문가들은 '좀 우려가 되고 확실도에 대한 정의도 확실치 않다'라는 의견이 있었다"고 대답했다. 이에 신경민 전 의원은 전문가 중 누가 그런 의견을 냈냐고 물었고, 최성자 박사는 머뭇거리다가 "아마도 제가 생각하기엔 원자력 측에서 걱정을 많이 했다"라고 답했다. 신 전 의원이 마지막으로 "한국수력원자력하고 원자력안전기술원이 포함되어 있는

---

* 활성단층이란 지진을 일으킬 가능성이 있는 단층을 말하며, 구체적으로는 가장 최근의 지질시대인 신생대 제4기(2,600만 년 전~현재)에 단층운동이 있었거나 앞으로도 활동할 가능성이 있는 단층을 일컫는다.

것이냐"고 묻자, 최 박사는 "그것까진 기억을 못 하겠다"고 말했다. 이에 현재 국회의원이자, 당시 환경운동연합 처장이었던 양이원영은 "만약 원전이 아니었다면 그 보고서는 발간이 됐을 것"이라고 단호하게 말했다. 또한, "만약 그렇게 했다면, 기준에 맞춰서 전반적인 내진 설계 점검에 몇 년 전부터 들어갔을 것이다. 2012년도에 발간하기로 돼 있던 보고서인데, 지진의 위험성을 경고했던 보고서가 은폐되었고 결국 2016년에 5.8 지진이 난 것이다"라고 덧붙였다(〈추적 60분〉, 2016).

그렇다면 아날로그(1978~1998년)와 디지털(1999년 이후)로 지난 40년 동안 관측된 국내 지진 발생 추이는 어떨까?

[표 6]은 1978년부터 2020년까지의 국내 지진 발생 횟수를 기상청 날씨누리 홈페이지에서 정리한 것이다. 아날로그로 관측했던 약 10년간 지진은 평균 19.1회 발생하였으나 1999년 이후 발생한 평균 횟수는 70.7회로 약 3.7배 이상 증가하였다. 물론 지진 발생 횟수가 3배 이상 증가한 것은 실제 지진이 많아진 것으로 볼 수도 있지만, 지진을 계측하는 기술의 발달로 해석하는 경우도 있다. 한국지질자원연구원은 홈페이지를 통하여 "최근 지진 발생 횟수가 증가하고 있는데, 이는 지진 관측망의 증가 및 지진 분석 기술의 향상과도 밀접한 관련이 있다"고 밝혔다.

[표 6] 국내 지진 발생 횟수

연도	규모 3.0 이상*	유감지진	총 횟수 (규모 2 이상)
1978	5	5	6
1979	17	8	22
1980	6	1	16
1981	10	3	15
1982	11	8	13
1983	10	4	20
1984	7	2	19
1985	11	6	26
1986	12	9	15
1987	4	5	11
1988	4	1	6
1989	13	4	16
1990	3	4	15
1991	7	8	19
1992	7	5	15
1993	7	4	22
1994	11	8	24
1995	11	8	29
1996	14	13	39
1997	8	8	21

* 규모 3.0(실내의 일부 사람이 느낄 수 있는 정도) 이상의 지진.

1998	7	9	32
1999	16	22	37
2000	8	5	29
2001	7	6	41
2002	11	9	49
2003	9	12	38
2004	6	10	42
2005	15	6	37
2006	7	7	50
2007	2	5	42
2008	10	7	46
2009	10	10	60
2010	5	5	42
2011	14	7	52
2012	9	4	56
2013	18	15	93
2014	8	11	49
2015	5	7	44
2016	34	55	252
2017	19	98	223
2018	5	33	115
2019	14	16	88
2020	5	17	68

(출처: 기상청 날씨누리)

[그림 11]은 1978년부터 2016년 9월 22일까지 네 군데의 핵발전소 반경 30킬로미터에서 발생한 규모 2.0~5.8 사이의 지진을 보여 준다. 눈에 띄는 것은 175회의 지진을 기록한 월성핵발전소인데, [그림 12]를 통해 이 지역에는 특히 자인단층, 밀양단층, 모량단층, 양산단층, 동래단층, 울산단층 등 다수의 활성단층대가 자리 잡고 있다는 것을 알 수 있다(〈추적 60분〉, 2016).

또한, 기상청 자료에 의하면 국내 지진 규모별 순위를 따졌을 때, 5위 안에 경북 경주시(5.8 지진, 2016년 9월 12일; 5.1지진, 2016년 9월 12일), 포항시(5.4 지진, 2017년 11월 15일), 울진군(5.2 지진, 2014년 5월 29일), 울산시 동구(5.0 지진, 2016년 7월 5일) 등이 포함되어 있었다. 무엇보다 다수의 전문가들은 이러한 지진이 언제든 발생할 수 있음을 받아들이고 실질적인 대책을 마련해야 한다고 지적했다.

지진연구센터 선창국 지진재해연구실장은 "5.8 경주 지진은 부산에서 포항에 이르는 양산단층대가 움직여서 발생한 것으로 파악된다"며 "그 일대는 과거에도 그렇고 지진이 자주 발생하던 지역 중 하나"라고 말했다. 이어 그는 "2016년 7월 5일 울산에서도 5.0 수준의 지진이 발생한 바 있다"며 "앞으로 이 정도의 지진은 언제든 발생할 수 있다고 받아들이고 안전점검 등

주의가 필요하다"고 강조했다. 동종인 서울시립대 환경공학부 교수도 "일본 열도를 중심으로 나타난 지진이 한국에서도 나타난 것"이라며 "이번 지진은 특히 영남권을 중심으로 더 이상 한반도가 지진 예외 지역이 아니라는 것을 의미한다"고 지적했다 (JTBC, 2016. 9. 12).

황분희 씨는, 한수원이 후쿠시마 사고 이후에 "이곳은 절대 지진 안 난다. 안전한 곳이다"라고 말하며 주민들의 불안을 해소했는데, 결국 5.8 지진을 통해 핵발전소가 양산단층이라는 지진대 위에 있는 것이 드러났다고 비판하였다. 나아가 주민들은 지진 이후 한수원이 수동 정지했다는 것조차 믿을 수 없다며 의심하였다.

한수원은 위험할 수 있으니까 수동으로 정지시켰다고 했거든? 근데 우리가 볼 때는 그렇지 않다, 자동으로 정지가 되었다고 의심하는 거지. 땅이 그렇게 요동치고 움직였는데, 원전에 부품이나 라인이 좀 많아? 그 많은 라인이 전부 안전할 수 있느냐. 그런 게 있어서 자동적으로 정지된 거 아니냐고 보고 있지. (김진선, 2021년 3월 26일 인터뷰 중)

경주 지진이 발생한 지 일 년이 지난 2017년 9월 6일, 한국

[그림 11] 핵발전소 부근 지진 발생 빈도. (출처: 〈추적 60분〉, 2016)

지질자원연구원은 중간조사 결과를 발표하였다. 23명의 인명 피해와 110억 원의 재산피해를 기록하였고, 무엇보다 선창국 한국지질자원연구원 국토지질연구본부장은 "경주 지진을 일으킨 응력(지진 에너지)은 거의 소산됐지만, 잔존한 응력이 인근 단층으로 이동, 재축적이 이뤄지고 있는 상태"라며, "이 에너지는 현재 경주 지진 때보단 작지만, 당장은 아니더라도 언젠가는 다시 큰 지진으로 발생할 여지가 충분히 있다"고 설명하였다(『머니투데이』 2017. 9. 6).

두 달 뒤인 2017년 11월 15일 경상북도 포항시에서 지진이

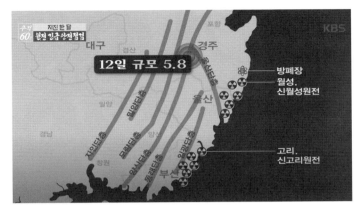

[그림 12] 월성, 고리핵발전소 단지 아래의 활성단층들. (출처: 〈추적 60분〉, 2016)

발생했는데, 이는 2016년 경주 지진에 이어 기상청 관측 사상 역대 두 번째로 강한 규모였다. 지진으로 인하여 135명이 다치고 1,700여 명의 이재민이 발생했으며, 총 재산피해는 3,323억 원에 달한다(『아시아타임즈』 2021. 11. 15).

이처럼 우리에게 지진이란 더는 추상적인 위험이 아니라 한반도에서 언제든 발생할 수 있는 실질적 재난이다. 경주 5.8 지진과 그에 대한 대응 체계 미비 그리고 핵발전소 수동 정지까지, 2016년 9월 12일은 주민들에게는 잊을 수 없는 밤이었다. 그러나, 이를 계기로 작은 희망을 마주할 수 있었던 역설적인 순간이기도 했다.

절망과 불안 속 작은 희망 하나

2016년 9월 12일 저녁에 지진이 발생하고 하루가 지난 9월 13일, 당시 문재인 전 더불어민주당 대표(현 대통령)는 경주 월성핵발전소와 부산 기장군 고리핵발전소를 방문하였다. 문재인 전 대표는 "이곳은 언제 진도 6.0을 넘는, 또는 진도 7.0을 넘는 지진이 발생할지 모르는, 대한민국에서 지진에 가장 취약한 지대이다. 그런 지대에 우리가 세계 최고의 원전 단지를 방치하고 있는 것"이라고 비판하였다(『데일리중앙』 2016. 9. 13). 그는 추석 연휴를 앞두고 경남 양산 자택에서 지진을 직접 경험하면서 "어젯밤 편안히 잠들지 못했다. 아직도 계속되는 여진 때문에 원전이 걱정된다"며 직접 원전을 찾았다. 뜬눈을 지새우다시피 밤을 보냈던 황분희 씨는 문재인 전 대표의 방문을 전혀 예상하지 못했다고 말했다.

9월 12일에 지진이 났고, 다음날 정치인 중에서는 제일 먼저 왔어. 집회장에서 안전도 묻고, 우리 이야기를 다 들어 주고 갔거든. 나는 방사능이 여기 주민들 몸속에 피폭되었다, 다음에 대통령이 되시거든 이주 문제를 꼭 해결해 달라고 말했지. (황분희, 2021년 6월 2일 인터뷰 중)

문재인 전 대표는 이주대책위를 만나 "어제 1차 지진 때부터 집이 심하게 흔들렸는데, 과거와 달리 지진이라는 걸 곧바로 알 수 있는 정도였다. 2차 지진은 더 심했었다"고 말했다. 이어 "1차 지진 이후에 국민안전처로부터 긴급문자가 왔다. 그런데 긴급문자의 내용이 '지진이 발생했으니 안전에 주의하라'는 것뿐이었다"며 "어떻게 주의하라는 게 없었다. 집 안에 머물러야 하는지, 집 밖에 피신해야 하는지, 아무런 행동 요령에 대한 전파가 없었다. 알아서 주의하면 되는 것이냐"고 지적했다. 또한 핵발전소 근처에 사는 주민들의 고충을 듣다가 "하다못해 대피를 하게 한다든지 방제복 같은 것을 입으라고 한다든지, 이런저런 조치가 취해지고 그 뒤에 경과를 봐서 '이제는 그런 위험한 상황이 지났으니 일상으로 복귀하셔도 되겠다'라고 해야 인근 주민들이 신뢰하면서 지침에 따라 할 수 있다"고 말하면서, 주민들이 신뢰할 수 없는 대응 체계의 부실함을 지적했다. 문 전 대표는 또한 "일반적으로 지진이 나면 밖으로 나가라고 하는데, 혹시라도 방사능이 유출되면 거꾸로 안으로 피해야 하는 것 아니냐"라며 "나가야 하나, 집에 있어야 하나, 알 수가 없었다. 어떻게 이렇게 국민을 불안하게 하느냐"고 질타했다. 특히 이번 지진을 겪으면서 문 전 대표는 정부의 원전 정책에 전면 재검토가 필요하다는 확신을 하게 되었다고 밝혔다(『민중의 소리』 2016. 9. 13). 황분희 씨는 "지진이 나고 핵발전소가 안전한지 아닌지를 우리는 몰랐으니까 너무 무서웠거든. 근데 문재인 전 대표님이 직접 농성장에 와서 정말 위로가 됐지"라고 말했다. 당시 박근혜 전 대통령은 지진이 발생하고 일주일이 지난 2016년 9월 20일에야 경주를 방문하였지만, 문 전 대표와는 다르게 자신들을 만나지 않고 한수원의 얘기만 듣고 갔다고 지적하였다.

문재인 전 대표는 다음날 바로 경주에 왔잖아. 한수원 만나기 전에 우리를 먼저 만났다고. 한 시간인가 우리 얘기를 다 듣고 갔어. 그게 제일 차이가 났는데, 박근혜 대통령은 일주일 뒤에 왔잖아. 우리는 만나지도 않고 한수원만 만나고 가 버렸어. 뭐 안에서 또 "월성핵발전소는 안전하다"는 말만 듣고 갔겠지. (황분희, 2021년 6월 2일 인터뷰 중)

농성장에서 문재인 전 대표는 주민들에게 "위험하고 오래된

[그림 13] 규모 5.8 지진 발생 다음날인 2016년 9월 13일, 문재인 전 더불어민주당 대표의 이주 대책위 농성장 방문. (출처: 『민중의소리』 2016. 9. 13)

노후 원전은 수명 연장을 하지 않고 새로 짓지도 않겠다"고 말하며, "앞으로의 에너지 정책은 원전처럼 위험한 에너지가 아니라 재생에너지를 잘 개발해서 대체해야 한다"고 말하였다. 이처럼 경주 5.8 지진은 주민들에게 지진에 대한 공포와 함께 일본 후쿠시마처럼 핵발전소가 터지면 어떡하느냐는 불안감을 동시에 안겨 주었다. 그러나 '탈원전'을 약속하고 자신들의 바람인 '이주대책'에 대해서도 긍정적으로 생각한 정치인을 만남으로써 절망과 불안 속에서도 작은 희망 하나를 마주하였다.

참고 문헌

국민안전처(2017), 『9·12 지진 백서 ― 9·12 지진과 그 후 180일간의 기록』

『국민일보』「롤러코스터 타는 듯한 공포, 밤새 뜬눈」 2016. 9. 14.

기상청(2017), 『9·12 지진 대응 보고서』

기상청 날씨누리 홈페이지(https://www.weather.go.kr/weather/earthquake_volcano).

『뉴스타파』「후쿠시마 원전 사고 7년 기획 ― 검은 눈의 공포, 우리의 주민보호대책은」 2018. 4. 3.

『뉴시스』「후쿠시마 원전 사고 10년… 韓, 원전 안전 어디까지 왔나」 2021. 3. 9.

『데일리중앙』「문재인, 정부의 원전정책 전면 재검토 촉구」 2016. 9. 13.

『머니투데이』「9·12 지진 이후 방재 대책, 얼마나 추진됐나?」 2017. 9. 6.

『민중의소리』「몸소 지진 겪은 문재인, 정부의 원전 정책 전면 재검토 필요」 2016. 9. 13.

『서울신문』「1년새 263번 흔들, 규모 7.0대 지진 최악 대비해야」 2017. 1. 3.

『아시아타임즈』「역사 속 오늘: 수능까지 연기시킨 2017 포항 지진」 2021. 11. 15.

『중앙일보』「유감지진」 2010. 2. 11.

하세가와 고이치(2016), 『탈원자력 사회로 ― 후쿠시마 이후, 대안은 있다』 김성란 옮김, 일조각.

『한겨레』「경주 지진, 묵시록적 퍼포먼스」 2016. 9. 29.

한국지질자원연구원(2012), 『활성단층지도 및 지진 위험 지도 제작』 소방방재청.

『탈핵신문』「국감 통해, 총체적 부실로 드러난 핵발전소 안전」 2016. 11. 14.

JTBC, 〈JTBC 뉴스〉 "경주에서 규모 5.1 지진 발생, 피해 상황 아직 몰라", 2016. 9. 12.

KBS, 〈추적 60분〉 "지진 한 달, 긴급 원전 안점점검", 2016. 10. 12.

6장

희망과 절망 사이를
비틀거리며 걷는 사람들

탈핵을 선언한 대통령과 낙관적 미래

2016년부터 2017년까지 촛불로 뒤덮였던 대한민국은 '탄핵(彈劾)'과 '탈핵(脫核)'으로 요약된다. 2016년 12월 9일 탄핵 소추안이 국회에서 가결되어 박근혜 전 대통령은 국회로부터 탄핵 소추 의결서를 받는 동시에 헌법상 대통령 권한 행사가 정지되었다. 2017년 1월 21일 제13차 범국민행동 촛불집회에 참여한 황분희 씨는 "방사능에 24시간 노출되고 있음에도 이러한 문제를 외면하고 핵발전소를 계속해서 늘리려는 박근혜 정부"를 비판하며 "핵발전소가 아닌 재생에너지를 확대할 수 있는 정부"가 만들어져야 한다고 강조하였다(『노동자연대』 2017. 1. 21).

원전에서 불과 1킬로미터 떨어진 곳에서 다섯 살짜리 손주와 살고 있다. 억울함을 서울시민 여러분한테 호소하려고 경주에서 천릿길을 달려왔다. 핵발전소가 있는 동네에서 30년을 살았다. 바보처럼 병들어 죽는 줄도 모르고 살아왔다. 우리는 언제나 24시간 방사능에 노출되고 있다. 그런데도 정부는 기준치 미달이란다. 안전하단다. 우리 아이들, 그 아이들의 몸속에 방사능이 들어 있다. 이미 내부피폭이 돼 있다. 서울시민분들, 밝은 전깃불 밑에 사니까 원전 인접 주민들의 고통 모르시겠죠. 이 이야기를 하고 싶어 왔다. 우리 아이들까지 피폭되어 살면서 3년 동안이나 한수원에게 "오염되어 살 곳이 못 되니, 이주해서 살 수 있도록 해 달라"고 요청했다. 되돌아오는 말은 "안전하다, 기준치 미달이다, 법에 없다"뿐이다. 원래 저분들은 지진도 없을 것이라고 말해 왔다. 경주에서 5.8 규모의 지진이 일어났고 현실이 되었다. 영화 〈판도라〉는 우리의 현실이다. 이제 핵발전소 그만 해야 한다. 우리의 힘으로 핵발전소 막아 내고 박근혜 퇴진해야 한다. 박근혜는 계속 핵발전소 늘리려 하고 있다. 우리의 힘으로 다음 정부는 발전소를 짓지 않고 재생에너지를 쓸 수 있는 정부를 만들어야 한다. (황분희 씨 발언 재인용, 『노동자연대』 2017. 1. 21)

2017년 3월 10일, 헌법재판소는 재판관 전원일치로 대통령 박근혜 탄핵소추안을 인용하였고, 박근혜는 대통령직에서 파면되었다. 이에 전국의 관심은 누가 다음 대통령이 될 것이냐로 모였다.*

제19대 대선 당시 '탈핵 정책'은 유력 대선 후보 5인 가운데 홍준표 후보를 제외하고 문재인, 안철수, 유승민, 심상정 후보 모두가 내세운 공약이었다. 이러한 변화는 2011년 일본 후쿠시마 원전 사고와 2016년 지진 발생 이후 핵발전소의 안전성과 지속가능성에 대한 의구심이 커졌기 때문이다. 다만 건설 중인 핵발전소의 건설 지속 여부나 노후 핵발전소 수명 연장에 대해서는 후보마다 차이가 있었다. 문재인 후보의 공약은 '탈원전 로드맵'을 마련하여 2030년까지 신재생에너지 비중을 20%까지 확대, 심상정 후보는 2040년까지 핵발전소를 단계적으로 폐쇄하여 핵에너지 의존으로부터 탈피, 유승민 후보는 기존 원전 정책에 대한 전면 재검토, 안철수 후보는 신규 원전 건설 금지와 안전한 에너지로의 대체를 내세웠다. 홍준표 후보를 제외한 네 후보는 핵발전소와 같은 경성에너지를 줄이고 재생에너지를 확대하는 에너지전환에 대해 동의하였다(『에코저널』 2017. 5. 1).

---

* 19대 대통령 선거는 2017년 5월 9일로 정해졌다. 대통령의 궐위(빈자리)로 인한 선거나 재선거는 「공직선거법」에 따라 해당 선거의 실시 사유가 확정된 때(파면일)부터 60일 이내에 시행해야 하기 때문이다.

2017년 5월 9일 치러진 19대 대선에서 문재인 후보는 41.1%의 득표율(1,342만 3,800표)로 대통령에 당선되었다. 핵발전소를 점차 줄여 나가겠다고 선언하였고, 무엇보다 5.8 지진이 발생했던 바로 다음날 농성장에서 주민들을 만나 "이주대책을 적극적으로 검토하겠다"던 문재인 후보의 당선 소식은 이주대책위에게 희망을 안겨 주었다.

2016년 9월 경주에서 지진이 발생했을 때 우리 주민들을 가장 먼저 찾아준 이가 바로 문재인 대통령이었어요. 당시에는 대통령 후보였는데 우리 천막을 찾아와 괜찮냐고 묻는데 정말 고마웠어요. 우리 주민들의 이야기를 다 들어 주시고 또 함께 풀어 나가자고 하셨어요. 대통령 되면 탈핵하겠다고 했으니, 그리 해 주시겠죠. (황분희 씨 인터뷰 재인용, 『에코뷰』 2018. 12. 7)

황분희 씨의 바람대로 문재인 대통령은 에너지전환이란 용어를 공식적으로 사용한 첫 번째 정부였고, '신규 원전 건설 계획 백지화, 노후 원전 수명 연장 금지 및 월성 1호기 폐쇄' 등 탈원전 공약을 발표하였다. 이와 별개로 박근혜 정부 국가에너지위원회는 2015년 6월 12일 "원전 산업의 중장기적 발전을 위해서는 영구정지하는 게 바람직하다"는 이유로 고리 1호기의 가동중단을 결정하였고 이를 운영사인 한수원에 권고하였다. 이에 한수원은 계속운전(수명 연장)*을 신청하지 않기로 의결하였고, 2016년 6월 한수원은 원안위에 영구정지를 위한 운영변경 허가**를 신청하였다. 지난 약 일 년간 원자력안전기술원의 기술심사와 원안위의 사전 검토가 이뤄졌고, 2017년 6월 9일 원안위는 '영구정지 운영변경 허가안'을 원안 그대로 의결하여 고리 1호기의 영구정지를 최종 확정지었다(『한겨레』 2017. 6. 18). 이로써 국내에 처음 도입하여 1971년 착공을 시작하고 1977년에 가동한 고리 1호기는 대한민국 최초의 핵발전소이자 처음으로 폐쇄된 핵발전소로, '탈핵 국가로 가는 출발'을 의미하기도 하였다.

문재인 대통령은 부산 기장군 고리원자력본부에서 열린 '고

---

* 계속운전(수명 연장)이란 설계수명에 도달한 원전에 대해 계속운전 기술기준에 따라 안전성을 평가하여 만족할 경우 운전을 계속하는 것을 말한다. 국내에서는 고리 1호기와 월성 1, 2, 3, 4호기의 설계수명이 30년이고 다른 핵발전소의 설계수명은 40년이다. 설계수명이란 원전설계시 설정한 기간이며, 원전의 안전성과 성능기준을 만족하면서 운전이 가능한 최소한의 기한을 뜻한다(정성두, 2007).

** 월성 1호기를 운영하는 한수원은 2012년 11월 20일자로 설계수명 30년이 만료되는 월성 1호기에 관해, 2009년 12월 30일 당시 허가권자인 교육과학기술부장관에게 「계속운전을 위한 안전성 평가보고서」를 제출하고 설계수명 기간 만료일로부터 10년간 월성 1호기를 계속하여 운전하겠다는 내용의 운영변경 허가를 신청하였다(정남순, 2018).

리 1호기 영구정지 기념행사'에서 "오늘을 기점으로 우리 사회가 에너지 정책에 대한 새로운 합의를 모아 나가기를 기대한다"면서 "정부와 민간, 산업계와 과학기술계가 함께해야 하고, 국민들의 에너지 인식도 바뀌어야 한다"고 강조했다. 또한, "준비 중인 신규 원전 건설 계획은 전면 백지화하고, 오래된 원전의 설계 수명을 연장하지 않겠다"며, '탈원전'은 거스를 수 없는 시대의 흐름이라고 말했다(『데일리안』 2017. 6. 19). 무엇보다 기념사를 통해 문재인 대통령은 2016년 9월에 발생했던 경주 지진을 언급하였는데, "대한민국은 더는 지진 안전지대가 아니며, 지진으로 인한 원전 사고는 너무나 치명적이다. 새 정부는 원전 안전성 확보를 나라의 존망이 걸린 국가 안보 문제로 인식하고 대처할 것"이라며 탈핵 정책의 불가피성을 강조하였다. 이 자리에는 황분희 씨도 청와대로부터 초청받았는데, 실제 핵 발전소가 멈춰지는 것을 현장에서 본 그녀는 기대감과 함께 희망이 보였다고 말했다.

정말 발전소를 세울 수 있구나라는 걸 느꼈지. 차츰차츰 세워 나가면 월성도 드디어 세울 수 있겠구나. 그냥 너무 기분이 좋은 거야. 웃음이 절로 나올 정도로 좋더라고. 아, 이렇게 하면 되는구나. 이렇게 세우면 되는구나. 지금까지는 위험하지도 않고 계

속 가동한다는 말만 들었으니까. 희망이 보였지. (황분희, 2021년 6월 2일 인터뷰 중)

물론, 문재인 대통령이 당선된 이후 고리 1호기가 영구정지 되었고 공식적으로 탈핵 정책을 제시했다는 점에서 과거 정부 와는 다르게 대책위가 기대해 볼 점은 있었지만, 주민들이 바라는 이주대책은 여전히 요원해 보였다. 2017년 8월 25일은 대책위를 만들고 이주를 요구한 지 3년째로, 이들은 경주시청에서 "경주시와 시의회는 이주 문제 해결에 적극 나서라"라는 내용의 기자회견을 하였다. 지난 3년 동안 무엇보다 이들을 가장 힘들게 했던 것 중의 하나가 '경주시와 시의회의 냉대'였기 때문이다.

바스쿠트 툰작(Baskut Tuncak) 유엔 인권특별보고관, 문재인 대통령(후보 시절), 우원식 원내대표(평의원 시절) 등 많은 인사가 천막농성장을 찾아와 우리 주민들의 고충을 듣고 따뜻하게 위로를 건넸습니다. 그러나 유독 최양식 시장을 비롯해 경주 지역의 관료들은 이주 요구를 외면하면서 우리를 불가촉천민처럼 대하고 있습니다. 경주시와 시의회의 무관심 속에 청와대, 국회, 원자력안전위원회, 산업부 등을 찾아다니며 3년간 천막농성을 이어

왔습니다. 그 결과, 이주 요구의 법적 근거를 담은 '발전소주변지역 지원에 관한 법률 일부개정법률안'이 작년 11월 22일 발의됐습니다. 우원식 원내대표(더불어민주당), 장병완 국회산업위원장(국민의당)도 12명 발의자에 참여하고 있습니다. 이제 경주시와 시의회가 법률안 국회 통과 및 이주대책 마련에 적극적으로 나설 것을 촉구합니다. 그 무엇보다 주민 복리를 최우선 가치에 둘 것을 호소 드립니다. (기자회견문, 2017. 8. 25)

또한, 2017년 9월 7일 천막농성 3주년이 지나면서 이주대책위 주민들과 경주환경운동연합은 '이주 요구'를 현재처럼 농성장과 월성핵발전소 정문에서만 할 것이 아니라 경주 시내 중심지를 직접 돌며 시민들을 대상으로 거리 홍보를 펼치기로 하였다. 이들은 '시청 네거리, 경주세무서, 성동시장, 법원과 중앙시장, 시외버스터미널, 황남빵, 경주역을 거쳐 경주 시내 중심지'를 돌며 매주 도보 순례를 시작하였다. 이주대책위 설립 3주년을 기념하는 기자회견 내용(부록 참고)과 마찬가지로 "한수원과 지자체, 정부가 무관심으로 일관해 왔기 때문"에 직접 시내에서 탈핵과 이주를 적극적으로 홍보하기로 하였다. 황분희 씨는 문재인 정부 들어 구체적인 탈핵 정책을 통해 희망을 품었고, 무엇보다 실제 핵발전소가 영구정지되는 것을 보며 이주대책 문제도 곧 해결될 수 있겠다고 생각하였다. 그러나 핵발전소의 가동 중지가 커다란 의미가 있는 결정임에도 불구하고, 여전히 다수 호기 월성핵발전소 근처에서 사는 주민에게는 핵발전소 가동을 멈추는 것만으로는 위험과 불안함을 완전히 없앨 수 없었다.

좋았지. 하나라도 가동을 멈추면 방사능도 덜 나오니까. 그런데 가동을 멈췄다고 해서 우리는 안심할 수 없어. 안에선 계속 분열하니까. 사실 다른 공장 같으면 그냥 철거하면 되지만, 이건 멈추어도 위험하잖아. 오히려 더 불안해지더라고. 한수원이 해체 기술을 가지고 있는 것도 아니고. 사실 고리 1호기 폐쇄했을 때 기분은 좋았지만, 이게 끝이 아니라 아직 더 중요한 부분이 남아 있으니까 절대 안심은 못 했어. 만약 가동 중이라면 한수원이 그래도 신경 써서 관리를 하잖아. 근데 세워 두면 더 허술해질 것 같은 불안감이 있어. 좋은 기분도 들고 불안하기도 하고, 해체 기술도 관리 방법도 없다고 하니 이게 참. (황분희, 2021년 6월 2일 인터뷰 중)

그래서 이들은 문재인 정부가 들어선 뒤에도 이주대책을 마련하라는 목소리를 더 세게 낼 수밖에 없었다. 결국 2017년

9월 7일 시작한 '탈핵 도보 순례'를 2020년 4월 26일 100번째 도보 순례를 기록할 정도로 이들은 꾸준히 그러나 절실하게 자신들의 상황을 알려 나갔다.

피해자만 있고 책임자가 없는 현실

2016년 6월 23일 전 국민의당 소속 김수민 국회의원은 핵발전소 주변지역 주민들이 이주를 희망할 경우 사업자(한수원)가 이주대책 지원사업을 실시하도록 하는 법률안 개정안(발전소주변지역 지원에 관한 법률 일부개정법률안)을 대표 발의하였다(『경주포커스』 2016. 11. 23). 김수민 전 의원은 제349회 국회 산업통상자원위원회 회의에서 당시 장병완 산업통상자원위원회 위원장의 개정안 제안 설명 요청에 아래와 같이 설명하였다.

2011년 후쿠시마 원전 사고 이후 원전 안전에 대한 국민의 우려가 커지고 있습니다. 깨끗하고 안전한 에너지원으로만 알았던 원자력발전이 재해와 사고에 취약하며, 원자력발전 과정에서 발생하는 방사성 물질은 색깔도 냄새도 없이 우리의 몸에 쌓일 수 있기에 국민들의 불안은 더욱 가중되고 있습니다. 특히 원자력

[그림 14] 도보 순례를 시작한 월성원전 인접지역 이주대책위원회와 경주환경운동연합. (사진: 경주환경운동연합 제공)

발전소 인근 지역 주민들은 방사능으로 인해 생명의 위협에 처해 있습니다. 방사능 물질인 삼중수소가 5세 아이부터 80세 어르신의 몸에서 검출되고 있고, 원자력발전소 반경 10킬로미터 이내에 거주하는 주민들의 갑상선암 발병률이 일반인에 비해 2배가량 높다는 정부의 역학조사 결과도 나와 있습니다. 원자력 발전소 방사능으로 인한 불안에 시달리는 주민들은 대부분 위험을 피해 다른 곳으로 이주하기를 원하고 있습니다. 하지만 주민들은 자유롭게 이주할 수가 없습니다. 오염지역이기 때문에 부동산 거래가 끊긴 지 오래이기 때문입니다. 현행법은 발전소 주변지역 주민들에 대한 복지 등 지원사업을 규정하고 있으나, 주민들이 정말 원하는 것은 이런 지원사업이 아니라 다른 지역으로의 이주입니다. 또 토지 및 집값 하락으로 인해 이주에 필요한 비용 역시 마련하지 못하고 있는 실정입니다. 다른 사례로 폐기물처리시설 설치촉진 및 주변지역지원 등에 관한 법률에서는 폐기물처리시설의 직접 영향권 안에 드는 주민의 경우 그 주민이 폐기물처리시설 설치 부지에 필요한 토지 제공을 하지 않았더라도 이주대책을 수립·시행할 수 있도록 하고 있습니다. 원자력발전소 주변지역 주민들에게도 피해에 대한 실질적 보상 차원에서 이와 같은 이주대책 지원을 할 필요가 있습니다. 이에 원자력시설 등의 방호 및 방사능 방재 대책법에 따라 원자력발전소로부터 일정 거리의 범위에서 지정·고시된 예방적 보호조치구역 내의 주민에 대하여 이주대책 지원사업을 할 수 있는 근거(안 제16조의6)를 마련하였습니다(제349회 산업통상자원위원회 회의록, 2017. 2. 15).

이에 산업통상자원위원회 수석전문위원 김병선은 전 김수민 의원이 대표발의한 '발전소주변지역 지원에 관한 법률 일부개정법률안'에 대한 검토보고서를 작성하였다. 개정법률안의 취지에 대해서는 "전국에 전력을 공급하기 위하여 원자력발전소 인접지역에 거주하는 주민들이 발전소가 배출하는 방사성 물질을 감내하여야 하는 상황임을 감안할 때, 다른 지역으로 이주를 원하고 있으나 토지 및 집값 하락 등으로 인하여 이주가 어려운 주민에게 이주대책을 수립·시행할 수 있도록 하려는 점"은 타당하다고 평가하였다. 그러나 '예방적 보호조치구역'*은 개념상 발전소에서 배출하는 방사성 물질의 직접 영

---

* 한국의 '방사선 비상계획구역'은 원자력발전소로부터 8~10킬로미터로 단일 구간으로 설정, 운영되고 있었다. 2011년 일본 후쿠시마 원전 사고 이후 방사선 비상계획구역 재설정의 필요성이 대두하였으며, 그 결과 2014년 '원자력시설 등의 방호 및 방사능 방재 대책법'이 개정되었다. 개정 법령에 따라 방사선 비상계획구역은 '예방적 보호조치구역'과 '긴급 보호조치계획구역'으로 나뉘었다. '예방적 보호조치구역'은 발전소에서 유출 사고 등이 일어났을 때 주민을 긴급 대피

향을 받는 구역으로 간주하기 어렵기 때문에, '원자력안전법'에 따라 지정·고시되는 제한구역*을 확장하거나 '예방적 보호조치구역'이 아닌 별도의 구역에 대한 정의를 신설하여 이주대책을 수립하고 시행하도록 해야 한다고 지적하였다.

두 번째로 원전에서 배출하는 방사성 물질과 갑상선암과의 인과관계에 대한 논란이 아직 마무리되지 않았다는 점을 고려할 때, 주민에게 미치는 건강상의 위해를 인정하기 어렵다고

시키기 위해 설정된 구역으로 발전소로부터 반경 약 5킬로미터에 해당하는 지역이다. '긴급 보호조치계획구역'은 발전소로부터 반경 약 20~30킬로미터에 해당하는 구역으로, 방사능 누출 사고 발생 시 방사능 영향평가 또는 환경감시 결과를 기반으로 대피 여부가 결정된다. 또한, 긴급 보호조치계획구역에서는 방호 약품 등을 갖추어 주민에게 지급하고 구호소를 설치하는 등 주민 구호와 대피를 중점적으로 준비해야 한다. 구체적인 방사선 비상계획구역 범위는 원자력시설에 따라 사업자가 지자체와 협의를 거쳐 원자력안전위원회의 승인을 받아 설정할 수 있다(다음 백과 참고).

* 제한구역은 관행·외국의 선례 등을 고려하여 원자력시설로부터 560~914미터로 정하고 있다.
「원자력안전법」 제89조(제한구역의 설정) ① 국가가 원자로 및 관계시설, 핵연료주기시설 또는 방사성폐기물관리시설등을 설치하는 때에는 방사선에 따른 인체·물체 및 공공의 재해를 방어하기 위하여 일정 범위의 제한구역을 설정할 수 있다.
② 제1항에 따른 제한구역에서는 일반인의 출입이나 거주의 제한을 명할 수 있다. (중략)
④ 제2항에 따른 제한으로 인하여 발생한 손실은 정당한 보상을 하여야 한다. 이 경우 그 지급에 필요한 사항은 대통령령으로 정한다.

하였다. 그러나 정부가 조속히 면밀한 역학조사 등을 시행하여 주민들의 불안감을 해소할 필요는 있다고 덧붙였다. 끝으로, 산업통상자원부가 예방적 보호조치구역 거주 가구에 대해 이주대책 수립사업을 시행하는 데 소요되는 비용을 8조 5,546억 원으로 예상하고 있다는 것을 인용하여, 이주단지 조성 비용으로 인해 발전원가가 상승하여 전기요금 인상요인으로 작용할 우려가 있다는 의견을 제시함으로써 전 김수민 의원이 대표발의한 개정법률안에 대해 비판적으로 평가하였다(「발전소주변지역 지원에 관한 법률 일부개정법률안 검토보고서」, 2017. 2).

대책위는 4년간 이주대책 마련을 위한 투쟁을 하면서 처음으로 대표발의된 법안이 비용 문제와 입증되지 못한 인과관계 등을 이유로 통과되지 않자, 2018년 8월 13일부터 14일까지 1박 2일 동안 국회를 방문해 산업위 의원실 16곳을 직접 돌며 이주 법안 국회 통과를 호소하였다. 무엇보다 2011년에 이미 갑상선암 진단을 받은 황분희 씨는 남편도 2018년 건강검진을 통해 갑상선 항진증을 앓고 있다는 것을 알게 되었고, 가족력이 없음에도 자신과 남편 모두 갑상선 관련 질병을 갖고 있는 것에 대한 분노와 무엇보다 자신들과 함께 사는 자식, 손주들에게도 언제, 어떤 일이 벌어질지 모르는 불안감과 미안함 때문에 법안이 무사히 통과되게 하려고 국회 내 산업위 소속 위원들을 적극적으로 방문하였던 것이다.

갑상선암은 2011년에 건강검진을 하면서 내가 추가로 한 거예요. 원자력 주변에는 갑상선암이 많다는 이야기를 듣기도 해서, 혹시나 괜찮은가 해서 해 봤죠. 근데 의사가 갑상선에 혹이 있으니 6개월 후에 다시 검진을 해 보자 이러더라고. 사실 전 우리가 가족력이 있는 것도 아니고 내가 무슨 암에 걸리겠냐, 아무 생각 없이 일 년을 그냥 넘겨 버렸어. 근데 아는 동생이 "언니, 나는 병원에 가니까 갑상선암이라고, 빨리 수술해야 된다고 하더라고". 그때 소름이 쫙 끼치는 거예요. 가 보니까 병원에서 왜 안 왔냐고. 그래서 조직 검사해 보니까 암이래, 암. 성대 가까이 혹이 있어서, 혹시 얘가 다른 데로 전이되면 나중에는 말도 못 한다고 해서 수술했지. 다행히 일찍 발견해서 항암 치료는 안 받았어요, 안 받고 혹을 떼고 약을 계속 먹고 있죠. 2018년에는 남편도 갑상선 항진증이래. 아니 이런 걸 겪으면서 내 아이들한테는, 내 손주들한테도 이런 일이 생기면 어떻게 할까, 너무 걱정이 되더라고. (황분희 씨 인터뷰 재인용, 〈탈핵의 나라로 ─ 경주편〉 참고).

2014년 8월부터 4년 넘게 이주대책을 요구해 온 대책위 주민들은 "많은 시간이 흐르고 정부가 바뀌어 탈원전이 진행되어도 우리의 문제는 관심을 받지 못하고 있다. 국회에도 이주대책이 가능한 법 개정안이 제출되었지만 감감무소식"이라면서 "조속히 정부가 나서서 주민들이 안심하고 살 수 있도록 이주대책 마련"을 촉구하기 위해 2018년 11월 19일부터 23일까지 청와대 앞에서 1인 시위를 하겠다고 발표하였다(환경운동연합, 2018. 11. 19).

황분희 씨는 문재인 후보가 대통령으로 당선된 이후, 물론 이전과 달라진 것이 많았다고 말했다. 그러나 한수원 사장과 산자부 장관이 주민들을 찾아왔지만 바뀌는 것은 없었고, 여전히 다수 호기의 월성핵발전소는 가동 중이며 이주대책을 위한 법안 통과도 비용을 이유로 미뤄지다 결국 임기만료 폐기되었다. 황분희 씨는 "한수원은 법적 근거가 없어서 이주대책 마련이 어렵다고 했다. 법안을 발의했더니 산업통상자원부의 반대로 통과하지 못한다고 한다. 한수원에 가면 산업부 관할이라고 하고 산업부에 가면 한수원 관할이라 하니, 피해자는 있는데 책임자는 없는 형국이다. 어디에 가서 피해를 호소해야 할지 몰라 청와대에 왔다"며 1인 시위를 하게 된 이유를 설명했다. 또한 그녀는 "천 명이 살아도 국민이고 백 명이 살아도 국민이고 열 명이 살아도 국민이다. 아무리 사는 사람이 적다고 해도 월성 주민은 대한민국 국민이 아니냐"라며 "마을 사람들 소변에서 한 명도 빠짐없이 방사성 물질인 삼중수소가 검출됐다. 원자력발전소 돔이 보이지 않는 곳에서 아침에 눈을 뜨고 아이들을 안전한 곳에서 뛰어놀게 하고 싶다"고 호소했다. 황분희 씨와 함께 1인 시위를 한 김진선 씨도 문재인 대통령을 향해 "천막농성장을 찾아와 문제 해결을 위해 노력하겠다는 그 약속을 잊지 말라"며 이주대책 마련을 거듭 당부했다(『그린포스트코리아』 2018. 11. 19).

이들은 1인 시위 마지막 날인 2018년 11월 23일에 청와대 행정관을 만나 자신들의 뜻이 담긴 편지를 전달하였다. 편지(부록 참고)의 주요 내용은 아래와 같다.

문재인 대통령님!

핵발전소 주민 이주대책을 마련해 주십시오.

문재인 대통령님께서 당선되던 날, 우리 주민은 함께 기뻐했습니다. 2016년 9월 12일 난생처음 지진을 겪고 놀란 가슴을 추스르지 못하던 때에 맨 처음 우리 천막을 찾아 주신 분이 당시 문재인 민주당 전 대표이시기 때문입니다. 지진 발생 다음날 우리 천막을 찾아 주신 문재인 전 대표는 3년째 천막농성 중이던 우리 주민들의 아픔에 깊이 공감해 주시면서 계속 싸울 수 있는 용기를 주셨습니다. 그로부터 8개월 뒤 거짓말같이 문재인 전 대표께서 대통령에 당선되셨습니다. 우리 주민들의 기쁨은 이루 말할 수 없었습니다. 우리 천막농성장에는 문재인 대통령님이 다녀가신 사진이 부적처럼 크게 인쇄되어 걸려 있습니다. (…) 그러나 문재인 대통령님이 새 정부를 이끌고 18개월이 지난 지금, 우리 주민들이 품었던 희망이 하나둘 시들고 있습니다. 그 희망의 에너지를 다시 살리기 위해서 우리는 청와대로 찾아왔습니다. 산더미처럼 쌓인 적폐청산 때문에 핵발전소 인근 주민의 이주 문제가 잠시 늦춰졌다고 생각하며, 우리를 잊지 말고 기억해 주시길 바라며 청와대 앞에 섰습니다. (…)

문재인 대통령님

우리도 우리가 원하는 곳에서 살도록 해 주십시오. 유별나게 좋은 곳에서 살고 싶은 게 아닙니다. 아침에 눈 떴을 때 핵발전소의 돔이 보이지 않으면 됩니다. 혹시 모를 핵발전소 사고의 위험에서 좀 더 마음을 놓을 수 있는 곳이면 됩니다. 우리 자녀들의 소변에서 삼중수소가 나오지 않는 정도의 곳이면 됩니다. 갑자기 급전이 필요해서 밭 한 뙈기 내놓았을 때 팔아 주는 사람이 있는 곳이면 됩니다. 이러한 우리 주민의 바람이 대한민국 국민의 평균적 행복을 웃도는 무리한 요구입니까? (…)

'발전소주변지역 지원에 관한 법률' 일부개정법률안을 제출하여

[그림 15] 청와대 앞에서 1인 시위를 하고 있는 이주대책위 주민과 경주환경운동연합 이상홍 사무국장. (사진: 경주환경운동연합 제공)

이주의 길이 열리는가 싶었으나 이마저도 쉽지 않다는 것을 알게 됐습니다. 산업부에서 법안을 강하게 반대하고 있었기 때문입니다. 산업부는 국회의원들에게 핵발전소 주변 주민을 이주하는 데 약 8조 원의 예산이 필요하다면서 법안 불가 입장을 밝혔습니다. (…) 주민들의 이주 요구를 진지하게 검토해 주시기 바랍니다.

문재인 대통령님!
핵발전소 인근 주민의 이주는 단순한 민원이 아닙니다. 우리 동네를 방문하는 수많은 외국의 전문가마다 이렇게 많은 주민이 핵발전소 바로 곁에 거주하는 나라는 한국밖에 없을 것 같다며 놀라워합니다. 핵발전소 인근 주민의 이주는 잘못된 제도를 바로잡는 것입니다. 잘못 설정된 핵발전소 제한구역(EAB)을 바로잡는 일입니다. 바로잡는 데 많은 시간이 걸린다면 완충구역이라도 설정해서 주민 이주의 길을 터 주십시오. 이 또한 대통령님이 강조하시는 적폐청산의 일환으로 보아 주십시오. 지난 40년간 핵발전 진흥 정책을 위해서 일방적으로 인근 주민이 희생됐습니다. 더 이상 주민에게 희생만을 요구하지 말아 주십시오. (…)

이렇게 희망과 절망 사이를 오가는 답답한 와중에 황분희 씨는 다시 또 억장이 무너지는 이야기를 들어야 했다. 경북도 의회가 문재인 정부의 탈원전 정책을 비판하고 나아가 철회를 촉구하는 결의안을 발표했다는 것이다. 2018년 11월 29일 제 305회 경상북도의회 회의(4차 본회의)에서 당시 원자력대책특 별위원회 남용대 부위원장은 '지역경제', '원전 관련 산업'의 중 요성을 강조하며 다음과 같이 탈원전 정책 철회 촉구 결의안을 제안하였다.

정부는 2017년 12월 제8차 전력수급 기본계획에 따라 원전의 단계적 감축, 재생에너지 확대 등 에너지전환을 추진하면서 신 한울 3, 4호기와 영덕 천지 1, 2호기 건설을 백지화하였으며 월 성 1호기 조기폐쇄를 추진하였습니다. 경북도는 국내 가동 원전 23기 중 절반인 11기가 소재하고, 국내 원전 발전량의 47%를 생산하는 우리나라 최대 원전 집적지이자 생산지이지만 정부의 탈원전 정책으로 인해 지역경제는 벼랑 끝으로 내몰리고 경북도 민들은 말할 수 없는 큰 충격에 빠졌습니다. 세계적으로 가장 안 전하고 경제적인 원전을 정치적 이념으로 몰아가고 있는 동안 탄탄했던 원전 관련 산업은 총체적 부실로 변해 가고 기업들은 원전 전문인력 감축과 함께 성장 동력을 상실하는 등 도산의 길로 접어들고 있습니다. 이에 경상북도의회는 3백만 도민과 함께 정부의 탈원전 정책에 대해 강력하게 반대하고, 원전지역의 피해구제 대책 마련을 정부에 엄중히 촉구하고자 결의안을 제안하였습니다. 결의안의 주요 내용은 정부의 탈원전 정책 추진을 반대하고, 막대한 피해를 입고 있는 원전지역의 피해구제 대책을 조속히 마련할 것을 정부에 촉구하는 내용입니다. 정부에 대한 촉구 내용은 월성 1호기 조기폐쇄 결정을 철회하고, 무단 방치하고 있는 사용후핵연료를 반출할 것과, 원전해체연구소의 경북지역 설립, 영덕 천지 자율유치가산금 380억 원의 반환 추진 중단 및 피해 지역을 위한 대안 사업의 제시, 신한울 3, 4호기 건설을 재개하라는 것입니다(제305회 경상북도의회 회의록, 2018. 11. 29).

이에 황분희 씨는 2019년 2월 5일 『뉴스풀』과의 인터뷰를 통해 "저는 정말 그 얘기 듣고 이해가 안 갔어요. 말하자면, 원자력 계속 돌리라는 거 아닙니까? 아니 후쿠시마 사고 나고, 지진이 나고 삼중수소가 나오는 등 이렇게 위험하단 걸 아는데도 왜 더 짓겠다고 하는지 전 정말 이해가 안 됩니다"라고 말하였다. 또한, "이렇게 피해 보는 주민들을 구제해야겠다는 생각을 먼저 해야지, 원전 돌려서 나오는 세금이나 이익만 자꾸 생각하니까, 저희는 더 목소리 내야죠. 모르는 건지, 아니면 알고도 저러는 건지. 우리 상황을 잘 알려 줘야죠"라며 피해자에 대한 대책보다 경제와 산업 등을 우선시하는 경상북도의회를 강력하게 비판하였다(『뉴스풀』 2019. 2. 25).

대책위는 지난 5년간, 그들의 말처럼 '안 해 본 것 없고, 안 가 본 곳 없으며, 만나지 않은 사람이 없을 정도'로 창살 없는 감옥에서 벗어나기 위해 최선을 다해 이주대책을 요구하였다. 힘들고 외로운 싸움이었지만 좋은 날이 없었던 것은 아니다.

2019년 4월 3일, 대책위는 제7회 임길진환경상 수상자로 선정되었다. 임길진환경상 심사위원회 지영선 위원장은 "월성뿐 아니라 고리, 울진, 영광 등 다른 원전지역 주민의 이주 등 건강 보호와 아울러 탈핵을 앞당길 수 있도록 격려하고자 심사위원들의 일치된 결론으로 월성원전 인접지역 이주대책위원회를 올해의 임길진환경상 수상자로 결정했다"고 선정 이유를 밝혔다. 이에 이주대책위 황분희 부위원장은 "5년이라는 세월을 천막을 치고 이주를 염원하면서 너무도 긴 세월 힘겹게 여기까지 왔다"면서 "힘들 때마다 그만하고 싶었으나 끈을 놓을 수 없었다. 핵이라는 것, 핵발전소가 나쁘다는 것을 안 이상 이제는 내가 아니라 우리 후손들, 미래 세대를 위해 핵발전소가 없어질 때까지 열심히 활동하겠다"라고 수상 소감을 밝혔다(『로이

슈』2019. 4. 3).

　이처럼 대책위를 만들어 6년째 꿋꿋하게 상여시위를 비롯한 다양한 투쟁 방식을 통하여 이주대책을 요구하던 그들이지만, 대한민국 정부 역사상 처음으로 탈핵 정책을 공식화한 문재인 대통령의 임기가 끝나갈수록 조급해지는 것은 어쩔 수가 없었다. 무엇보다 경주 5.8 지진 당시 대책위를 직접 방문하고 고리 1호기, 월성 1호기 폐쇄를 통해 '탈핵 정책'을 펼치고 있는 현 정부이기에, 황분희 씨는 "그래서 더 조급한 거야. 더 절실한 거야"라고 말했다.

민주당이 다시 되더라도, 다른 대통령이 문재인 대통령과 똑같다는 보장이 없는 거야, 탈핵에 대한 관점이. 그래도 우리하고 관계가 있었고, 이주대책위도 방문해서 얘기도 들어 주어서 우리 문제에 관심이 있는 거지. 그런데, 다음에 누가 대통령이 되어도 우리는 또 처음부터 싸워야 하는 거야. 5년 동안 일을 시작했으면 딱 끝을 맺어야 하는데. 다시 시작하면 또 시간이 그만큼 걸리는 거잖아. 될지도 모르고. 게다가 국민의힘으로 정권이 넘어가면, 다시 원자력을 더 지으려고 할 거고. 이주는 생각도 안 할 거야. 안 그래도 날짜가 하루하루 가면서 마음이 더 타들어 가는데. (황분희, 2021년 5월 14일 인터뷰 중)

해결되는 것 없이 속절없이 흐르는 시간이 유독 안타깝고 절실한 이주대책위. 여전히 갈 길은 멀지만, 더딘 속도로 하나씩 문제들이 해결되고 있다. 특히 그들은 코로나로 다수의 사람이 행사에 참여하기가 쉽지 않은 상황에서도 2021년 8월 27일 '간절히 바라옵건대, 이주'라는 이름의 천막농성 7주년 행사를 기획하였다. 이 짧은 문장이야말로, 7년간 대책위의 분투와 다양한 활동, 그 과정에서 느낀 희망과 절망을 함축한 말이 아닐까.

간절히 바라옵건대, 이주

2021년 8월 27일. 월성핵발전소 인접 마을 주민들이 대책위를 만들고 이주를 요청한 지 만으로 7년, 2576일이 되었다. 7년간의 투쟁이 말해 주듯이, 그들이 매주 끄는 관과 상여는 이미 해져 있고 보드판에 적힌 글자들도 희미해졌다. 그러나 7년간의 노력과 활동들이 있었기에, 핵발전소에서 사는 사람들에 대한 국가와 사회의 시선도 조금씩 달라지고 있다.

특히, 2020년 12월 2일 국회 본회의에서 월성핵발전소 근처에 사는 주민들의 건강권을 보호하고 역학조사를 진행하기 위한 예산 16억 9천만 원이 2021년 환경부 본예산에 확정·편성되었다. 이번 예산 반영으로 주민건강영향조사는, 주민들이 겪고 있는 건강문제에 대한 정부 차원의 조사 결과에 따라, 향후 주민들이 요구하는 문제 해결 및 재발방지대책 마련으로까지 이어질 수 있을 것으로 기대된다. 해당 조사는 이르면 2022년 상반기부터 월성원전 인근에 거주하고 있는 주민을 대상으로 이뤄질 예정이다(『국토일보』 2020. 12. 3).

특히 주민들의 건강 문제 해결을 위해 양이원영 의원은 그동안 환경부와 원자력안전위원회, 산업통상자원부의 3개 부처와 지속적인 협의와 조율에 나서 예산 편성과 사업 추진이 이뤄질 수 있도록 노력했다. 양이원영 의원은 "원전을 운영하며 국민들이 입은 피해에 대해 국가가 져야 할 당연한 책임"이라고 강조하며 "이번 예산 편성을 시작으로 오랜 기간 동안 고통받고 있는 주민을 위한 제대로 된 대책 마련이 이뤄질 수 있도록 앞으로도 적극적으로 노력하겠다"고 밝혔다(『에코저널』 2020. 12. 3). 또한, 이날 행사에 직접 참여했던 양이원영 의원은 전날인 8월 26일 '발전소주변지역 지원에 관한 법률 일부개정법률안'을 대표발의하였다. 이주대책지원법에 따르면, 핵발전소 최인접지역 주민 중 이주를 희망하는 주민을 대상으로 이주지원사업을 실시하고 그 비용은 전력산업기반기금으로 부담하도록 하였다.

[그림 16] 7주년 행사 당시, 상여시위를 하는 대책위와 시민들. (사진: 용석록, 이은정)

비가 많이 올 것이라던 일기예보와는 다르게 경주에는 뙤약볕이 내리쬐었고 가만히 있어도 땀이 날 정도로 무더웠다. 그러나 이주대책위를 비롯한 주민들은 하얀 상복을 입고 상여와 관을 끌었다. 이날은 평소 출근 시간이 아닌 퇴근 시간에 상여 시위를 진행했기에 왕복 2차선 위에서 나가지도 들어오지도 못한 한수원 직원들의 차량은 단 몇 분을 참지 못하거나, 길을 돌아가거나, 여전히 무심한 표정으로 우리 곁을 쌩하고 달려갔다.

상여가 월성핵발전소 정문을 지나자 제일 선두에서 상여를 끌던 주민 중 한 분이 갑자기 삼보일배를 하였다. 푸른 하늘 아래에서 누군가의 심드렁한 표정과 삼보일배를 하는 주민을 동시에 봐야 하는 것은 너무도 잔인했다. 나중에 저녁을 먹으러 가면서, 선두에서 삼보일배를 했던 성혜중 씨에게 힘들지 않았냐고, 잠깐이었지만 왜 삼보일배를 하셨냐고 물으니, 그는 "뭐라도 해야 할 것 같았어. 우리가 얼마나 절실한 마음을 갖고 버티고 있는지, 오늘만큼은 우리 중에서 누구라도, 나라도 더 보여 줘야 할 것 같았다"라고 웃으면서 말했다. '안 해 본 것 없고, 안 가 본 곳 없고, 만나 보지 않은 사람들 없는 주민들'은 그날도 어김없이 무엇을 더 해야 할지, 무엇을 통해서 자신들의 절실함과 절절함이 남들에게 느껴질지 고민하고 있었다. 7년이

[그림 17] 7주년 행사 당시, 삼보일배를 하는 주민. (사진 출처: 용석록, 이은정)

지나도 여전히 그들의 싸움은 현재진행중이었다.

그날 사회를 보았던 이상홍 경주환경운동연합 사무국장은 "올해로 대책위가 만들어지고 농성한 지 7년이 되었다. 그러나 내년에는 이주대책위 8주년 행사를 안 했으면 좋겠다. 이주대책 법안이 국회에서 통과되어, 더는 주민들이 위험한 곳에서 살지 않았으면 좋겠다. 내년에는 8주년 행사가 아니라 웃으면서 모두가 즐길 수 있는 축제를 합시다"라고 힘주어 말하였다.

끝으로, 7주년 행사 때 용석록 탈핵울산시민공동행동 집행위원장이 쓰고 읽었던 시 한 편을 소개하려 한다. 이 시는 대책위의 지난했던 싸움을 지지하고 응원하였고 무엇보다 주민을 비롯한 7주년 행사에 참여한 많은 이들에게 감동을 주었다. '방사능 없는 곳에서 살고 싶다'는 짧은 글에는 월성핵발전소 근처에서 사는 주민들의 삶, 공포와 위험 그리고 이곳에서 벗어나기 위해 했던 다양한 투쟁들이 응축되어 있다. 이상홍 사무국장의 말처럼, 이주대책위의 처절했던 투쟁이 올해로 끝나기를, 내년에는 그들이 그토록 바라던 '이주'가 실현되어 안전한 곳에서 살 수 있기를 바라며 외쳐 본다.

"간절히 바라옵건대, 이주."

방사능 없는 곳에서 살고 싶다
— 월성원전 인접지역 이주대책위 농성 7년에 부쳐

용석록

상여를 멘다
태풍에 지붕이 들썩거려도
한겨울 살 에는 바람에도
저 핵발전소 좀 치워 달라고
장례를 치렀다.
방사능 공포 속에
우리 이름 자 관 위에 쓰고 상여를 멨다
하루, 이틀, 5년, 7년
월성핵발전소 앞으로 행진한 날이 2,572일
처음엔 몰랐지
전기공장 들어와 동네 잘살게 되었다고
농지와 바다를 내주어도
나라 위한 일이라니까 애국이라고 생각했다.
발전소도 모자라 핵폐기장 유치하자고
온 동네 사람 모여 잔치 벌였다

우물에서 물 길어 마시고

아침이면 전기공장 잘 돌아가나 지켜보길 수십 년

그런데 이상해

우리가 마시는 지하수에서 삼중수소가 나왔어

동네 사람 자꾸 암에 걸리는데

아무래도 이상해

뇨시료 검사하니

몸속에서도 삼중수소가 나와

우리 몸에 방사능이 들어 있어.

상여를 멘다

안되겠다 안되겠다

이러다간 다 죽겠다

제발 우리 좀 방사능 땅에서 내보내 주오

상여를 멘다

땅도 집도 팔리지 않고

국가가 우리를 구하지 않는다

우리도 서울 사람과 똑같은 국민

청와대 앞에 방사능 뿜어 대는 발전소 있으면 당신들 어쩔 건가

서울 한복판 지하수 오염되고 몸속에서 삼중수소 나오면

서울 사람들 어찌하겠나

914미터 제한구역은 위험하고

1미터만 나서면 안전하다니

이 무슨 해괴한 법인가

법은 인간의 생명과 존엄을 지켜야 하는 거

법이 없어도 사람 생명 귀한 줄 알면 이렇게는 안 하지

상여를 멘다

월성, 고리, 영광, 울진에서

땅과 바다와 사람이 죽어 간다

40년 동안 도시에 불빛 보내고 마을 사람은 병들어 간다

당신들 규정은 우리를 '강제수용소'처럼 방사능과 함께 살라고 한다.

우리의 소원은 단 하나

유배의 땅에서 벗어나는 것이다

방사능 피폭 없는 곳

핵 위험 없는 곳에 사는 것

책임 있는 자들은 이 호소에 답하라

참고 문헌

경상북도의회, 「제305회 4차 본회의 경상북도의회 회의록」(정부의 탈원전 정책 철회 촉구 결의안),
　　2018. 11. 29.

『경주타임즈』「불안해서 못 살겠다! 월성원전 이주대책 마련하라!」 2017. 9. 7.

『경주포커스』「원전 주변지역 이주 희망 주민 지원 근거 법률 개정 발의」 2016. 11. 23.

『국토일보』「월성원전 주변 주민건강영향조사 예산 16억 9천만 원, 본예산 반영」 2020. 12. 3.

국회사무처, 「제349회(임시회) 산업통상자원위원회의록」 2017. 2. 15.

『그린포스트코리아』「아이들 소변에 방사능 물질, 문 대통령에 호소」 2018. 11. 19.

『노동자연대』「박근혜 정권 퇴진 13차 범국민행동의날 광장 곳곳에서 울려 퍼진 저항의 목소리」
　　2017. 1. 21.

『뉴스풀』「방사능 위험 없는 곳에 살고 싶어요」 2019. 2. 5.

『데일리안』「고리 1호기 영구정지, 해체부터 부지 복원까지 15년 대장정」 2017. 6. 19.

『로이슈』「제7회 임길진환경상에 '월성원전 인접지역 이주대책위원회' 수상」 2019. 4. 3.

산업통상자원위원회, 「발전소주변지역 지원에 관한 법률 일부개정법률안 검토보고서」 2017. 2.

『에코저널』「문재인·안철수·유승민·심상정, 에너지전환 공약」 2017. 5. 1.

『에코저널』「월성원전 주변 주민건강영향조사 환경부 본예산 반영」 2020. 12. 3.

『에코뷰』「문재인 대통령님, 우리를 잊지 마세요」 2018. 12. 7.

오지필름, 〈탈핵의 나라로 — 경주편〉, 2021. 3. 25.

위키백과(ko.wikipedia.org).

정남순(2018), 「월성 1호기 수명 연장을 위한 운영변경허가소송을 통해 본 원자력안전관리규제절차
　　와 방법에 대한 사법적 통제」 『법학평론』 8, 252~287.

정성두(2007), 「고리 1호기 계속운전 추진 현황」 『Journal of the Electrical World』

『한겨레』「국내 최초 원전 고리 1호기 오늘 자정 영구정지」 2017. 6. 18.

환경운동연합, 기자회견문 「이주대책 마련하라, 월성원전 인근 주민들 천막농성 3년째」 2017. 8. 25.

환경운동연합, 기자회견문 「문재인 대통령님! 핵발전소 주민 이주대책을 마련해 주십시오」 2018.
　　11. 19.

나오며
나는 왜 쓰는가

나는 그들이 될 수 없었다

그곳에서 나는 8개월을 살았다. 2020년 10월 중순부터 2021년 7월 초까지, 일 년이 채 되지 않는 짧은 시간을 그곳에서 지냈다 하더라도 물론 나는 그들이 될 수 없었다. 솔직히 핵발전소 근처 마을에서 산다는 것이 걱정되지 않았다면 거짓일 것이다. 내려가기 전, 혹시 내가 이번 현장조사로 인해 암을 비롯하여 문제가 생기지는 않을지 걱정이 되어 (별 소용없는) 건강검진도 받았다. 현재까지 암을 비롯한 질병과 방사성 물질과의 인과관계에 대해서는 합의된 바가 없지만, 유독 핵발전소 근처에 사는 주민 중에 암으로 죽거나 암에 걸려 수술을 받은 사례가 많았기 때문이다. 게다가 이곳은 중수로여서 다른 핵발전소에 비해 삼중수소가 더 배출되는 곳이기에, 먹고 마시고 살아 숨 쉬는 것 모두가 걱정이었다. 적어도 마시는 것은 생수를 사서 마시면 된다지만, 설거지할 때나 샤워를 할 때 이 지역의 물을 사용하지 않을 수 없었다. 그러나 더 큰 문제는 먹는 것과 숨 쉬는 것, 이 두 가지는 어찌할 수 없었기에 어느 순간부터는 '걱정을 안 하려고 노력'했던 것 같다. 왜냐하면 핵발전소로부터 멀리 떨어진 곳으로 거처를 옮기지 않는 이상 문제를 근본적으로 해결할 수 없기 때문이다.

다행히도 주민들과 친해지는 것은 어렵지 않았다. 약간의 시간이 필요했지만, 그들은 따뜻하게 나를 환대해 주었고 잦은 인터뷰 요청에도 귀찮은 기색 없이 많은 이야기를 들려주었다. 그러나 그들 집에서 인터뷰하면서 종종 내가 생각지도 못한, 예상하지도 못했던 순간들이 불쑥 튀어나오곤 했었다. 일부의 주민은 인터뷰하다가 직접 음식을 만들어 주었다. 감자전, 호박전, 점심 식사나 그들이 직접 재배한 블루베리로 만든 음료까지. '맛있겠다'는 생각보다 본능적으로, 이것 모두가 이 지역에서 재배한 것이 아닌지 걱정이 앞섰다. 이 음식을 하기 위해 지하수를 사용했을 것이고, 요리하기 위한 모든 음식 재료들은 직접 재배하거나 이 지역에서 나고 자란 농수산물을 산 것이 아닌가. 그렇다면 내가 먹게 될 음식에는 분명히 삼중수소를 비롯한 방사성 물질이 들어 있을 것이라는 걱정이 짧은 시간에 꼬리에 꼬리를 물었다. 무엇보다 물이나 농수산물에 농축된 물질을 흡입함으로써 발생하는 내부피폭의 위험성이 더 크기에,

그들의 환대와 맛있는 음식 앞에서 주저할 수밖에 없었다. 때로는 선약이 있다고 간접적으로 거절을 하기도 했지만, 결국엔 그들의 호의를 거부할 수 없었다. 동시에 평생을 이곳에서 살아온 그들이 일상에서 매일, 매 순간 이것과 유사한 문제나 상황에 마주쳤을 것이라는 생각이 들었다. 내가 사랑하는 가족, 자식과 손주들을 위해 만드는 모든 것들이 오히려 그들의 건강을 해칠 수 있다는 것이, 이미 자신을 비롯한 적지 않은 주민들이 질병에 노출되었다는 사실을 잘 알고 있다는 것이 그들에게는 얼마나 큰 고통이자 불안으로 작용하였을까. 그 삶의 무게를 나는 결코 이해하지 못한다. 그래서 나는 내가 그들을 위해 무엇을 할 수 있을지를 치열하게 고민하였다.

나는 자연과학자가 아니기에, 방사성 물질의 위해성과 암을 비롯한 건강 문제와의 인과성을 분석하지 못한다. 그러나 적어도 사회과학자로서 그들이 했던 8년간의 싸움을, 그들이 매일 매 순간 일상에서 맞닥뜨려야 했을 불안과 고민을 듣고, 정리해 보기로 하였다. 내가 할 수 있는 것이 많지 않은 상황에서, 그들의 활동, 투쟁과 일상을 정리하여 기록하는 것 자체가 의미 있는 일이 될 것이라 생각했다.

무엇보다 나는 이들을 세상에 소개하고 싶었다. 내가 존경하고 좋아하는 사람들, 그 사람들의 힘들지만 의미 있는 투쟁을 알리고 싶었다. 그들은 왜 싸우는가, 그들은 왜 상여를 끄는가?
그리고 그들은 힘든 상황에서도 왜 포기하지 않는가?

경이로운 사람들의 이야기

홍은전 작가는 『그냥, 사람』에서 "노들야학을 통해 만난 사
람들은 그 끝을 최전선으로 만들어 세상의 지평을 넓히는 경
이로운 존재들"이고, 그런 경이로운 존재들의 이야기를 쓰고
싶다고 말했다. 그는 '차별받는 것과 저항하는 것은 같은 것'이
자 '차별받았기 때문에 저항하는 것이 당연하다'고 쉽게 생각
할 수 있지만, 저항한다는 것은 결코 자연스러운 행동이 아니
며 오히려 순리에 어긋나는 행위라는 점을 깨달았다. 차별받으
면 주눅 들고 복종하는 것이 자연스럽지, 이 세상의 거대한 비
참과 불의에 저항하는 행동은 결코 쉽지 않기 때문이다. 그래
서 "바람보다 늦게 눕고 바람보다 빨리 일어나는" 풀처럼 기적
같은 존재들의 이야기를 쓰고 싶다고 말했다. 홍은전의 글이
모두 '저항'하는 사람들에 대한 작가 자신의 존경과 감탄에서
시작된 것처럼, 나도 '대책위의 역사'를, '그들의 삶'을 정리하고
자 했던 것은 누구도 쉽게 할 수 없는 이들의 오랜 싸움에 대한

존경과 감탄에서 비롯되었다고 말할 수 있다.

경상북도 경주시 양남면 나아리, 당신이 '천년의 고도'에 들어서면 곳곳에서 '한수원'의 위력을 느낄 수 있다. 월성핵발전소 채용, 주민 수용성 조사, 월성 청소년 합창단 모집부터 한수원의 사택, 한수원 공원, 헬스센터, 핵발전소 홍보관과 핵발전소까지. 한수원이 지배한다고 해도 과언이 아닌 이곳에서 "핵발전소의 위험을 비판하고, 한수원을 향하여 8년째 이주를 요구하는 것"은 결코 자연스러운 것도, 쉬운 일도 아니다. 초기 72가구였던 대책위가 현재 10가구도 채 남지 않은 것을 보면 홍은전의 말처럼 이들의 저항과 투쟁은 당연한 것이 결코 아니라 오히려 이상한 것이다. "시끄러운 사람들, 돈을 밝히는 사람들, 위험을 과장해서 지역경제를 죽이는 사람들, 환경단체/탈핵단체와 손잡고 마을을 망하게 만드는 사람들"이라는 낙인이 그들의 온몸에 찍혀 있다. 그럼에도 그들은 주저하지 않고 말한다. 내가 사랑하는 소중한 가족들과 안전한 곳에서 살 수 있도록 끝까지 싸울 것이라고.

서울에서 나고 자란 사람으로서 나는 그들에게 빚을 지고 있다고 생각했다. 그들의 희생을 통해 내 작은 방의 모든 전자제품을 사용할 수 있기 때문이다. 핸드폰을 충전하는 것, 밥을 안치고 티브이를 보는 것, 불을 켜고 끄는 것 모두, 서울에서 내가 쓰는 이 전기가 어디에서 만들어지고 이곳까지 오는지를 생각한다면 말이다. 이는 밀양의 외딴 시골 마을에서 한 촌부가 자신의 몸에 불을 붙인 '밀양 송전탑 사건' 이후로 계속된 고민이자 부채 의식이었다.

대한민국 국민 중 약 18%(2020년 기준, 약 970만 명이며 대한민국 인구수는 약 5160만 명이다)가 넘는 사람이 서울에 거주하지만, 우리가 편하게 껐다 켜는 전기(에너지)를 도대체 어디에서 만드는 것일까? 현재 서울에는 서울복합화력발전소(구 당인리 발전소) 한 기가 가동되고 있지만, 서울시 전체 전기 소비량의 약 10.6%를 공급할 수 있는 규모에 불과하다. 즉, 우리가 쓰는 전기는 보통 수백 킬로미터 떨어진 지역에서 만들어져서, 100미터가 넘는 초대형·초고압 송전탑으로 이곳까지 전달되는 것이다. 핵발전소, 화력발전소 그리고 초고압 송전탑이 설치된 지역에 사는 주민들은 "나도 같은 대한민국 시민인데, 왜 나만 이렇게 살아야 하냐. 왜 우리만 이렇게 희생하고 고통 받아야 하냐"라며 '2등 시민'이 아니냐고 국가에, 그리고 우리에게 묻는다.

이 책은 각색하거나 가상으로 꾸민 영화나 드라마 이야기가 아니다. 매일 매 순간 배출되는 방사성 물질과 언제 사고가 날지 모르는 '원전 마을'에서 살아가는 사람들의 진짜 이야기다.

적어도 당신이 그들 이야기에 조금만 귀를 기울여 주었으면 하는 마음으로 그들의 삶을 듣고 기록하고 정리했다. '안전한 곳에서 살고 싶다'는 간절한 바람, 어쩌면 누군가에게는 너무도 당연하고 평범한 일상이 그들에게는 '싸워서 쟁취해야만 하는 간절한 소망'이 되었다. '원전 마을'에서 살아가는 사람들, 특히 월성원전 최인접지역에서 이주대책위를 만들어 8년간의 싸움, 희망과 절망을 온몸으로 겪어 온 사람들에게 부족하지만 이 책을 바친다.

부록

문재도 2차관님께 드리는 글 (2014)

존경하는 문재도 2차관님.

본 대책위원회 회원들은 월성원자력발전소에 가장 인접하여 살고 있는 주민들로 농업, 어업, 상업에 종사하는 다양한 직종의 직업으로 살아가고 있는 아주 평범한 사람들입니다. 아주 평범한 보통 사람들인 저희들이 왜 이주대책위원회라는 단체를 결성하여 이 자리에 서게 되었는지 서글프기 짝이 없습니다.

가까운 나라 일본의 후쿠시마 원자력발전소의 사고 이후 월성원자력발전소가 남의 일이 아니라는 것을 뼈저리게 느끼고 실감하며 살아가고 있습니다. 그 중심에는 월성 1호기가 자리 잡고 있습니다. 30년 수명이 다 된 노후 원전을 계속운전이라는 명분하에 10년이라는 수명을 연장시키려고 하고 있습니다. 수명이 다 되면 폐기 처분해야 되지 않습니까?

월성 1호기의 가동을 근본적으로 반대하고, 그 배경에는 월성원자력발전소의 신뢰가 땅에 떨어져 있다는 것입니다. 발전소의 높은 양반부터 말단 직원까지 뇌물 스캔들의 중심에 있으며, 그 뇌물 속에는 우리의 재산과 생명을 앗아 가는 안전과 직결되어 있습니다. 또 짝퉁 부품이 판을 치고 있는 이런 현실에 그 어떤 점검과 검증을 수행하더라도 믿을 수가 없습니다.

특히 중수로에서 내뿜는 삼중수소는 경주 시내보다 30배나 높게 나왔다는 조사 내용은 우리를 초조하고 불안하게 만들고 있습니다. 30년 동안 배출된 삼중수소의 피해는 우리 주민이 당하고 있는데 지금까지 한 번도 피해 여부에 대한 조사나 실사를 한 적이 없습니다. 우리 주민을 너무나 무시하고 멸시하는 태도에 화가 머리 끝까지 치솟습니다. 또한 월성원전 건설로 인하여 생계수단으로 종사하던 1차산업은 전부 수용되어 소득원이 전혀 없고 거주하는 주택만 남아 고사 직전에 놓여 있습니다.

원전의 비리로 인하여 원자력발전소는 위험한 흉물로 남는다고 대다수의 대한민국 국민들이 인지하고 있고 우리가 살고 있는 지역은 기피 지역이 되어 지가 하락, 상권 몰락 등으로 폐허가 되어 가고 있습니다.

존경하는 문재도 2차관님.

우리 대책위 회원들은 힘도 없고 배경도 없고 어디에도 하소연할 데가 없습니다. 콧대 높은 한수원 임직원은 우리의 소리를 귀담아듣지 않고 무시하고 있는 실정입니다. 월성원자력 윤청로 본부장은 이주대책위 관련 협의체 구성을 약속해 놓고 이행을 하지 않고 있습니다. 신뢰가 완전히 땅에 떨어져 있습니다.

2차관님, 힘없는 우리 서민의 소리를 귀담아들으시어 제발 좀 도와주십시오. 간곡히 부탁드립니다. 월성원자력과 가장 인접하여 살고 있는 우리 회원들은 안전한 곳에서 행복하게 살고 싶습니다. 감사합니다.

2014년 9월 12일

월성원전 인접지역 이주대책위원회 위원장 김정섭

월성원전 주민 방사성 물질 삼중수소 검출 결과 발표 및 대책 마련 요구 기자회견 (2016)

월성원전 주민 몸속에서 방사성 물질이 또다시 100% 검출되었다. 이번에는 5세부터 19세까지의 9명의 아동과 청소년도 포함되어 있다. 작년 6월 월성원전 1호기가 2년 7개월 만에 수명 연장 가동되면서 검출 농도도 더 높아졌다. 지난 11월 경주 월성원전 인접지역 이주대책위원회는 월성원전 민간환경감시기구에 주민 40명의 방사성 물질인 삼중수소 소변검사를 의뢰하였다. 검사 시료 40개 전체에서 삼중수소가 검출된 것이다.

삼중수소는 월성원전과 같은 중수로형 원전에서 많이 발생하는 대표적인 방사성 물질이다. 삼중수소는 장기적으로 노출될 때 백혈병이나 암을 유발하는 위험이 있다고 국제 논문 등에서 보고되고 있다. 더구나 방사선으로 인한 건강 피해는 성인에 비해 어린아이로 갈수록 더 민감하다.

원자력발전소가 정상 가동 중이더라도, 삼중수소 등 방사성 물질이 유출되고 있다는 사실이 이미 확인되었다. 또한 기준치 이하의 방사성 물질이라도 이에 의한 주민들의 건강 피해는 입증된 상황이다. 월성원전은 중수로 원전이라서 삼중수소가 다른 원전보다 10배 이상 더 방출된다. 월성원전 주변은 월성 1호기 재가동으로 삼중수소 방출량이 더 늘었다. 그럼에도 원전 인근 피해 주민들에 대한 대책 마련이 제대로 이루어지고 있지 않아 방사성 물질에 의한 건강 피해 우려가 아이들에게까지 미치고 있다. 특히, 이번 조사로 식수와 음식물 외에 호흡을 통한 방사능 오염이 추정되고 있어 광역상수도 마련으로 대책이 될 수 없다. 이주 등 근본적인 대책이 필요함을 보여 주고 있지만, 정부나 원전 사업자인 한국수력원자력(주) 등은 주민들과 대책 마련을 위한 제대로 된 대화조차 한 번 진행한 적이 없는 상황이다.

원전 주변에는 암환자 발생이 높아지고 있지만 정부와 원전 사업자는 기준치 이하라고만 하면서 방사성 물질에 의한 건강피해에 대한 지속적이고 체계적인 조사가 없다. 원전 주변 역학조사에서도 방사성 물질에 가장 민감한 20세 미만은 대상에서 제외했다. 5세 미만의 원전 주변 아이들의 암 발생에 대해 체계적인 조사를 하는 독일 정부와 대비된다. 정부와 원전 사업자는 원전 가동으로 건강 피해를 입고 있는 주민들에 대해 이주를 포함한 근본적인 대책을 마련해야 한다.

* 첨부: 월성 주민 요시료 삼중수소 검출 결과 분석과 시사점

2016년 1월 21일
환경운동연합, 경주환경운동연합, 월성원전 인접지역 이주대책위원회

'박근혜 정권 퇴진 13차 범국민행동의 날' 촛불집회 황분희 발언 (2017)

원전에서 불과 1킬로미터 떨어진 곳에서 다섯 살짜리 손주와 살고 있다. 경주이다. 억울함을 서울시민 여러분한테 호소하려고 천릿길을 달려왔다. 핵발전소가 있는 동네에서 30년을 살았다. 바보처럼 그곳에서 정말 병들어 죽는 줄도 모르고 살아왔다.

우리는 언제나 24시간 방사능에 노출되고 있다. 그런데도 정부는 기준치 미달이란다. 안전하단다. 우리 아이들, 그 아이들의 몸속에 방사능이 들어 있다. 이미 내부피폭이 돼 있다. 서울시민분들, 밝은 전깃불 밑에 사니까 원전 인접 주민들의 고통 모르시겠죠. 이 이야기를 하고 싶어 왔다.

우리 아이들까지 피폭되어 살면서 3년 동안이나 한전 그분들에게 오염되어 살 곳이 못 되니, 이주해서 살 수 있도록 해 달라고 요청했다. 되돌아오는 말은 "안전하다, 기준치 미달이다, 법에 없다"뿐이다. 원래 저분들은 지진도 없을 것이라고 말해 왔다. 경주에서 5.8 규모의 지진 일어났고 현실이 되었다. 영화 〈판도라〉는 우리의 현실이다. 이제 핵발전소 그만해야 한다. 우리의 힘으로 핵발전소 막아 내고 박근혜 퇴진해야 한다. 박근혜는 계속 핵발전소 늘리려 하고 있다. 우리의 힘으로 다음 정부는 발전소를 짓지 않고 재생에너지를 쓸 수 있는 정부 만들어야 한다.

천막농성 3주년 기자회견 (2017)

**작년 11월 발의된 '발전소주변지역 지원에 관한 법률 일부개정법률안'
경주시와 시의회는 법률안 국회 통과 및 이주대책 마련에 적극 나서라**

2017년 8월 25일이면 "불안해서 못 살겠다. 이주대책 마련하라!"고 외치며 월성원전 앞에서 천막농성을 시작한 지 3년이 됩니다. 지난 3년 동안 우리 주민을 가장 힘들게 한 것은 사실, 경주시와 시의회의 냉대였습니다. 바스쿠트 툰작 유엔 인권특별보고관, 문재인 대통령(후보 시절), 우원식 원내대표(평의원 시절) 등 많은 인사가 천막농성장을 찾아와 우리 주민들의 고충을 듣고 따뜻하게 위로를 건넸습니다. 그러나 유독 최양식 시장을 비롯해 경주 지역의 관료들은 이주 요구를 외면하면서 우리를 불가촉천민처럼 대하고 있습니다. 경주시와 시의회의 무관심 속에 청와대, 국회, 원자력안전위원회, 산업부 등을 찾아다니며 3년간 천막농성을 이어 왔습니다. 그 결과, 이주 요구의 법적 근거를 담은 '발전소주변지역 지원에 관한 법률 일부개정법률안'이 작년 11월 22일 발의됐습니다. 우원식 원내대표(더불어민주당), 장병완 국회산업위원장(국민의당)도 12명 발의자에 참여하고 있습니다. 이제 경주시와 시의회가 법률안 국회 통과 및 이주대책 마련에 적극적으로 나설 것을 촉구합니다. 그 무엇보다 주민 복리를 최우선 가치에 둘 것을 호소드립니다.

국책사업으로부터 비롯된 비극, 경주시와 시의회가 주민의 편에 서야 한다

원전 주민들은 여러 가지 심리적 불안과 방사능 피폭 같은 물리적 고통 속에 살고 있습니다. 하루빨리 원전이 보이지 않는 곳에서 안정된 생활을 누리고 싶지만 이사를 할 수 없습니다. 집과 논밭을 부동산 시장에 내놔도 아무도 거들떠보지 않습니다. 원전 주변 마을 주민의 삶은 헌법에 보장된 '거주·이전의 자유'를 박탈당한 채 거대한 수용소에 억류되어 있습니다. 이 모든 비극이 국책사업인 원전에서 비롯됐기 때문에 우리 주민들은 정부와 한수원에 이주대책 마련을 요구하고 있습니다. 경주시와 시의회는 주민의 편에 서서 이주대책 마련에 함께해야 합니다.

"주민들의 거주권, 특히 거주가능성과 주거지 위치와 관련한 권리가 보호되고 있지 않다는 것에 우려를 표한다"

우리의 이주대책 마련 요구는 여러 기관에서 정당성을 인정하고 있습니다. 바스쿠트 툰작 유엔 인권특별보고관은 제33차 유엔인권이사회(2016. 8. 6)에서 한국 발전소 주변 "주민들의 거주권, 특히 거주가능성과 주거지 위치와 관련한 권리가 보호되고 있지 않다는 것에 우려를 표한다"고 보고했습니다. 산업부는 '발전소 인근지역 주민 집단이주제도의 타당성 고찰 및 합리적 제도개선 방안 연구' 최종 보고서(2016. 1. 31)에서 장기 과제로 "최 인접 마을을 (가칭)간접제한구역으로 지정하여 완충지역으로 활용", "타당 성조사(건강, 주민 요구 등)를 거쳐 개별이주를 허용할 근거 마련" 등을 제 시했습니다. 정부는 월성원전에서 반경 914미터를 제한구역으로 설정하 여 주민을 이주시켰습니다. 제한구역은 원자로 1기에서 사고가 발생했을 때 2시간 이내에 전신 250mSv, 갑상선 3,000mSv의 방사선 피폭을 기준 으로 설정됩니다. 그러나 이러한 제한구역 설정은 많은 문제가 있습니다. 일반인의 연간 피폭 기준 1mSv와 비교하면 원전 사고를 가정하더라도 피 폭 기준이 너무 높습니다. 또한 후쿠시마 원전 사고 이후 국제원자력기구 (IAEA)는 다수 호기 안전성 평가를 권고하고 있습니다. 원전의 제한구역 설정도 원자로 1기의 사고가 아니라 다수 호기 사고를 기준으로 대폭 확대 해야 합니다.

'발전소주변지역 지원에 관한 법률 일부개정법률안'은 시간, 비용, 갈등을 최소화한 합리적 이주대책안

그러나 제한구역 확대에는 많은 이해관계의 충돌, 시간, 비용이 소요되므 로 우리 주민들은 산업부의 연구용역에 바탕을 둔 대안을 제시했습니다. 원전 반경 3킬로미터를 '(가칭)완충구역'으로 설정하여 주민의 개별이주를 지원하는 방안입니다. 작년 11월 22일 국회에서 발의된 '발전소주변지역 지원에 관한 법률 일부개정법률안'이 바로 이러한 대안을 반영하고 있습 니다. 그러나 정부(산업부)와 지역사회 일각에서는 여전히 우리의 이주 요구에 대해 많은 오해를 하고 있습니다. 오늘 기자회견을 계기로 오해를 떨치고 이주대책 마련에 함께해 주시길 바랍니다.

1. 주민들은 집단이주가 아니라 개별이주를 요구하고 있습니다. 즉, 이주를 희망하는 주민이 이사 갈 수 있도록 지원을 해 달라는 것입니다. 즉, 이주단지 조성이 필요 없습니다.

2. 제한구역이 확대되지 않기 때문에 현재의 마을이 그대로 유지됩니다. 이주 대상 범위를 특정하기 위해 설정하는 원전 반경 3킬로미터의 '(가칭)완충구역'은 지금처럼 자유롭게 거주 및 경제활동이 가능합니다. 그러므로 이주를 원하지 않는 주민은 정든 고향에서 계속 생활할 수 있습니다.

3. 주민들의 재산권을 온전히 보전할 수 있습니다. 현재 원전지역 주민은 재산권을 심각하게 침해당하고 있습니다. 그러나 '(가칭)완충구역'이 설정되면 주민들은 정부 또는 한수원에 자산을 처분할 수 있기 때문에 재산권을 보전할 수 있습니다. 경주시와 시의회가 시민의 복리를 위한다면 이주대책 마련에 적극적으로 앞장서야 합니다.

4. 정부와 한수원의 비용 부담이 크게 줄어듭니다. '(가칭)완충구역'은 제한구역과 다르게 주거 및 경제활동이 가능하기 때문에 주민에게서 매입한 자산을 활용하여 다양한 수익사업을 할 수 있습니다. 주민들은 정부 또는 한수원에 매각한 자산을 임차하여 계속 거주할 수도 있습니다. 그러

므로 원전 반경 5킬로미터를 기준으로 약 12만 명(54,488세대)의 이주 단지 조성에 8조 5천억 원의 비용이 발생한다는 산업부의 주장은 사실과 다릅니다.

5. 장기적으로 제한구역 확대가 쉬워져 원전 사고에 능동적으로 대처할 수 있습니다. '(가칭)완충구역' 설정으로 주민 자산을 단계적으로 매입할 경우, 다수 호기 안전성 평가에 근거한 제한구역 확장이 쉬워집니다.

이처럼 우리 주민들은 합리적으로 이주 문제에 접근하고 있습니다. 지난 3년간 힘겹게 펼쳐 온 천막농성이 큰 결실을 볼 수 있도록 경주시와 시의회의 적극적인 지원이 필요합니다. '발전소주변지역 지원에 관한 법률 일부개정법률안'이 하루빨리 통과될 수 있도록 힘써 주시기 바랍니다. 우리 주민들도 시민사회단체와 연대하여 변함없이 더욱 굳세게 싸워 나갈 것입니다.

2017년 8월 24일
월성원전 인접지역 이주대책위원회

청와대 1인 시위,
문재인 대통령께 보내는 편지 (2018)

문재인 대통령님!
핵발전소 주민 이주대책을 마련해 주십시오.

문재인 대통령님께서 당선되던 날, 우리 주민은 함께 기뻐했습니다. 2016년 9월 12일 난생처음 지진을 겪고 놀란 가슴을 추스르지 못하던 때에 맨 처음 우리 천막을 찾아 주신 분이 당시 문재인 민주당 전 대표이시기 때문입니다. 지진 발생 다음날 우리 천막을 찾아 주신 문재인 전 대표는 3년째 천막농성 중이던 우리 주민들의 아픔에 깊이 공감해 주시면서 계속 싸울 수 있는 용기를 주셨습니다. 그로부터 8개월 뒤 거짓말같이 문재인 전 대표께서 대통령에 당선되셨습니다. 우리 주민들의 기쁨은 이루 말할 수 없었습니다. 우리 천막농성장에는 문재인 대통령님이 다녀가신 사진이 부적처럼 크게 인쇄되어 걸려 있습니다.

새 정부가 들어서고 이전과는 많이 달라졌습니다. 하늘 같았던 산업부 장관이 우리 천막을 찾아왔고, 늘 우리를 외면하던 한국수력원자력 사장도 우리 주민들을 만나 주었습니다. 우리는 "아! 세상이 바뀌긴 바뀌었구나!"

하면서 새로운 희망을 품었습니다. 천막농성을 하면서 지난 시절 겪었던 고난들이 쓰임이 있는 하늘의 뜻이었다고 스스로 위로했습니다. 그러나 문재인 대통령님이 새 정부를 이끌고 18개월이 지난 지금, 우리 주민들이 품었던 희망이 하나둘 시들고 있습니다. 그 희망의 에너지를 다시 살리기 위해서 우리는 청와대로 찾아왔습니다. 산더미처럼 쌓인 적폐청산 때문에 핵발전소 인근 주민의 이주 문제가 잠시 늦춰졌다고 생각하며, 우리를 잊지 말고 기억해 주시길 바라며 청와대 앞에 섰습니다.

우리는 2014년 8월 25일부터 월성원전 홍보관 앞에서 천막농성을 시작했습니다. 후쿠시마 사고를 접하고, 우리 마을 사람들 소변에서 한 명도 빠짐없이 방사성 물질인 삼중수소가 검출되고, 갑상선암 공동소송이 진행되는 것을 보면서 더 이상 핵발전소 주변에서 살 수 없다고 생각했습니다. 그렇게 이사를 떠날 목적으로 정들었던 고향의 집과 논밭을 내놓았으나 아무도 거들떠보지 않았습니다. 우리는 뒤늦게 알았습니다. 세상 사람들이 우리 고향을 어떻게 바라보고 있는지, 우리 마을은 사람이 살 수 없는 곳으로 이미 낙인찍혀 있었습니다. 우리는 개개인이 자력으로 이사할 수 없다는 사실을 알게 됐습니다. 그래서 4년 넘게 천막농성을 하며 정부와 한수원에 이주대책 마련을 요구하고 있습니다.

문재인 대통령님!
우리도 우리가 원하는 곳에서 살도록 해 주십시오. 유별나게 좋은 곳에서 살고 싶은 게 아닙니다. 아침에 눈 떴을 때 핵발전소의 돔이 보이지 않으면 됩니다. 혹시 모를 핵발전소 사고의 위험에서 좀 더 마음을 놓을 수 있는 곳이면 됩니다. 우리 자녀들의 소변에서 삼중수소가 나오지 않는 정도의 곳이면 됩니다. 갑자기 급전이 필요해서 밭 한 뙈기 내놓았을 때 팔아 주는 사람이 있는 곳이면 됩니다. 이러한 우리 주민의 바람이 대한민국 국민의 평균적 행복을 웃도는 무리한 요구입니까?

다행히 몇몇 국회의원이 우리 주민의 형편을 알아보시고 '발전소주변지역 지원에 관한 법률 일부개정법률안'(김수민 의원 2016.11.22, 김석기 의원 2017.9.14)을 제출하여 이주의 길이 열리는가 싶었으나 이마저도 쉽지 않다는 것을 알게 됐습니다. 산업부에서 법안을 강하게 반대하고 있었기 때문입니다. 산업부는 국회의원들에게 핵발전소 주변 주민을 이주하는 데 약 8조 원의 예산이 필요하다면서 법안 불가 입장을 밝혔습니다. 그러나 9월 17일 국회 토론회에서 밝혔듯이 핵발전소 제한구역(EAB) 기준으로 1킬로미터 이내에 거주하는 주민의 이주에 약 1조 원이면 충분합니다. 정부와 한수원이 주민들에게서 매입한 부동산은 자산으로 남기 때문에 사실상 큰 비용이 발생하지 않습니다. 주민들의 이주 요구를 진지하게 검토해 주시기 바랍니다.

문재인 대통령님!
핵발전소 인근 주민의 이주는 단순한 민원이 아닙니다. 우리 동네를 방문하는 수많은 외국의 전문가마다 이렇게 많은 주민이 핵발전소 바로 곁에 거주하는 나라는 한국밖에 없을 것 같다며 놀라워합니다. 핵발전소 인근 주민의 이주는 잘못된 제도를 바로잡는 것입니다. 잘못 설정된 핵발전소 제한구역을 바로잡는 일입니다. 바로잡는 데 많은 시간이 걸린다면 완충구역이라도 설정해서 주민 이주의 길을 터 주십시오. 이 또한 대통령님이 강조하시는 적폐청산의 일환으로 보아 주십시오. 지난 40년간 핵발전 진흥정책을 위해서 일방적으로 인근 주민이 희생됐습니다. 더 이상 주민에게 희생만을 요구하지 말아 주십시오.

문재인 대통령님!
우리 주민의 청와대 앞 1인 시위는 대통령님에게 맞서기 위함이 아닙니다. 힘을 실어 드리기 위함입니다. 민의가 어디에 있는지 세상에 보여 주기 위함입니다. 우리 주민들은 잊지 않고 있습니다. 지진이 났을 때 맨 먼저 천막농성장을 찾아 주시고 따뜻하게 손잡아 주시던 대통령님의 진심 어린 맘을 잊지 않고 있습니다. 문재인 대통령님의 당선을 지켜보면서 우리가 품었던 희망이 옳았음을 증명하고 싶을 뿐입니다.

2018. 11. 19.
월성원전 인접지역 이주대책위원회/탈핵경주시민공동행동

천막농성 5주년 기자회견 (2019)

정부와 한수원은 핵발전소 인접지역 주민 이주대책 마련하라!

월성원전 인접지역 이주대책위원회(이하 이주대책위원회) 주민들의 천막 농성이 2019년 8월 25일을 경과하면서 만 5년을 넘겼다. 이주대책위원회는 시민사회와 연대하여 오는 9월 21일(토) 오후 4시 천막농성장에서 5주년 행사를 진행할 예정이다. 이에 앞서 핵발전소 주민들의 고통 해소에 우리 사회의 양심들과 정부가 적극 앞장설 것을 호소하는 전국 동시다발 기자회견을 오늘 개최하게 되었다.

우리 사회는 고준위핵폐기물 재공론화 국면에 접어들었다. 고준위핵폐기물 문제는 지난 정부에서 공론화, 관리정책 수립, 법안 발의까지 진행된 국정 과제였으나, 첫 단추였던 공론화가 공정하지 못했다는 사회적 비판이 너무 많아서, 현 정부 들어 공론화 절차부터 다시 밟고 있다. 고준위핵폐기물 관리가 국가 에너지 정책을 펴는 과정에서 얼마나 중대한 문제인지 잘보여 주는 반증이다. 그러나 고준위핵폐기물 '재공론화'에서도 핵발전소 인근 주민의 고통은 여전히 배제되어 있다.

핵발전소 인근 주민들이 겪고 있는 고통에 공감하지 않는 고준위핵폐기물 관리 정책 수립 과정은 불공정한 논의의 재생산에 불과하다. 핵발전소 인근에서 40년 넘게 온갖 고통을 감내하며 살아온 주민들의 삶을 외면하면서, 핵폐기물의 위험성을 논하고 관리 정책 수립의 어려움을 논하는 것은 어불성설이다. 인근 주민들의 이주대책방안을 적극 마련하는 방향에서 재공론화가 이뤄져야 한다. 주민 이주대책 마련 없는 재공론화는 즉각 중단돼야 한다.

매일같이 핵발전소의 돔을 바라보며 살아가는 주민들에게 후쿠시마 핵사고와 크고 작은 국내 핵발전소 사고 소식은 끊임없는 불안을 야기하고 있다. 삼중수소를 비롯한 일상적인 방사능 피폭이 일어나고 원인을 알 수 없는 암 환자가 유난히 많다. 어린 자녀를 둔 주민들의 두려움은 그 깊이를 가늠하기 어렵다. 하루빨리 핵발전소가 보이지 않는 곳에서 안정된 생활을 누리고 싶지만, 집과 논밭 등 자산을 처분하지 못해 떠날 수 없다. 핵발전소 인근 주민들은 헌법에 보장된 거주·이전의 자유를 박탈당한 채 거대한 수용소에 억류되어 있다. 이 모든 비극은 핵발전소에서 비롯됐다. 이에 주민들은 정부와 한수원에 적극적인 이주대책 마련을 요구하고 있다.

이주대책위원회는 월성뿐만 아니라 한빛, 한울, 고리핵발전소 주민의 권익까지 포함하여 제도개혁 투쟁을 펼쳐 왔다. 천막농성을 하면서 국회 토론회 2회, 국회 기자회견 3회, 관련 국회의원실 43회 방문, 상경 기자회견 3회, 청와대 앞 1인 시위, 탈핵순례 79차례 등의 활동을 병행해 오고 있다.

이러한 활동의 결과, 핵발전소 인근 주민의 이주를 지원하는 내용을 담은 '발전소주변지역 지원에 관한 법률 일부개정법률안'이 2건 발의되어 23명의 국회의원이 동참했다. 산업부는 '발전소 인근지역 주민 집단이주제도의 타당성 고찰 및 합리적 제도개선 방안연구' 최종 보고서(2016. 1. 31)에서 장기 과제로 "최인접 마을을 (가칭)간접제한구역으로 지정하여 완충지역으로 활용"하는 방안을 제시했다. 완충지역은 개별이주를 허용하는 것을 말한다. 바스쿠트 툰작 유엔 인권 특별보고관은 천막농성장 방문 후 제33차 유엔인권이사회(2016. 8. 6)에서 한국 발전소 주변 "주민들의 거주권, 특히 거주가능성과 주거지 위치와 관련한 권리가 보호되고 있지 않는 것에 우려를 표한다"고 보고했다.

앞서 간략히 살펴본 이주대책위원회의 활동과 성과에도 불구하고 주민 이주대책은 오리무중이다. 이제 정부와 한수원이 발 벗고 나서고 우리 사회의 양심들이 적극 함께해야 한다. 고준위핵폐기물 재공론화 국면을 맞아 핵발전소 주민의 아픔에 귀 기울이고 제도적 해결책을 마련해야 한다. 이주대책위원회와 연대하는 전국의 시민사회는 주민 이주대책 없는 고준위 핵폐기물 재공론화의 중단을 요구한다.

끝으로 이주대책위원회가 요구하는 제도개혁 방향을 간략히 정리하면 다음과 같다. 정부와 한수원은 심사숙고하여 제도개혁에 적극 나서야 한다.

1. 핵발전소 제한구역 확대가 아니라 '(가칭)완충구역' 설정을 요구한다. 현행 제한구역 경계에서 1킬로미터를 완충구역으로 설정하여 주민의 이주

를 지원하는 방안이다. 산업부의 보고서에 기초한 방안이다. 완충구역은 자유롭게 거주 및 경제활동이 가능한 지역이므로 마을은 그대로 유지되고, 이주를 원하지 않는 주민은 계속 생활할 수 있다.

2. 주민들은 집단이주가 아니라 개별이주를 요구하고 있다. 즉, 이주를 희망하는 주민이 이사할 수 있도록 지원하는 것이다. 이주단지 조성이 필요 없다.

3. 주민들의 재산권을 온전히 보전할 수 있다. 현재 핵발전소 인근 주민은 재산권을 행사할 수 없다. 그러나 완충구역이 설정되면 정부 또는 한수원에 자산을 처분할 수 있기 때문에 재산권을 보전할 수 있다.

4-1. 정부와 한수원의 비용 부담이 크지 않다. 완충구역은 제한구역과 다르게 주거 및 경제활동이 가능하기 때문에 매입한 자산을 활용하여 다양한 수익사업을 할 수 있다. 주민들은 정부 또는 한수원에 매각한 자산을 임차하여 계속 거주할 수도 있다.

4-2. 그러므로 과거 산업부가 제시한 "원전 반경 5킬로미터, 약 12만명(54,488세대) 이주단지 조성, 8조 5천억 원의 비용 발생"은 전혀 사실이 아니다. 제한구역 경계 1킬로미터 구역의 주민 이주 지원에 약 1조원의 비용이 발생할 것으로 예상되지만, 매입한 자산을 재활용하여 비용을 충당할 수 있다.

5. 정부에서 장차 도입하려는 핵발전소의 다수 호기 안전성 평가는 제한구
   역 확대를 필요로 한다. 완충구역을 설정하여 주민 이주를 지원하게 되
   면 장기적으로 제한구역 확대가 쉬워져 원전 사고에 능동적으로 대처할
   수 있다.

2019. 9. 18.
월성원전 인접지역 이주대책위원회,
탈핵경주시민공동행동, 핵없는세상을위한대구시민행동

핵발전소 주변지역 갑상선암 피해 주민
국회 증언대회 (2020)

월성핵발전소 옆에서 34년을 살며 얻은 것은 오로지 몸의 병, 갑상선암뿐입니다. 34년을 살면서 거기서 내 자식을 키웠습니다. 그 애들도 저와 똑같은 길을 걷지 않는다라고 확신할 수 없습니다. 또 내 손자들은 거기서 태어나며, 엄마 뱃속에서부터 피폭을 당한 것 같습니다. 내 아이들도 이런 병에, 나와 똑같은 병에 걸리지 않는다고 아무도 확신할 수 없습니다.

저는 핵발전소 옆에서 25년째 살던 해에 갑상선암 진단을 받았습니다. 저녁만 되면 이 약 한 알로 몸을 지탱하고 있습니다. 평생을 죽을 때까지 그 약을 먹어야만 버틸 수 있는데, 그 약을 먹고 저녁이 되면 물에 젖은 솜과 같이 피곤하고 가라앉습니다. 이런 고통을 다음 세대에게, 우리 아이들에게 물려준다고 생각하면 너무나 고통스럽습니다. 이 아이가 제대로 살아갈 수는 있겠습니까?

한수원은 갑상선암이 핵발전소에 의한 병이 아니라고 말합니다. 삼중수소 내부피폭 검사를 했지만, 삼중수소가 자연방사능에도 있는 것이라서 특별히 주민에게 피해를 주지 않는다고 주장합니다. 그래서 우리는 우리 나름대로 또다시 증거를 제시했지만, 이번에는 또 기준치 이하라서 건강에는 아무런 지장이 없다고 주장합니다. 방사능이 안 나온다고 했는데 우리 아이들 몸에서는 방사능이 나오고, 서울 불광동에 사는 아이들의 몸에서는 방사능이 나오지 않았습니다.

어떻게 해야 정부와 한수원이 잘못을 인정하고, 피해 보고 있는 주민들을 위해 발 벗고 나설까요? 그런 날이 올까요? 너무나 당연히 그 사람들이 해야 할 일인데, 모든 것을 인정하지 않고 있습니다.

우리가 무슨 큰 잘못을 했습니까. 그저 안전하고 깨끗한, 값싼 전기를 만들어 낸다는 핵발전소 옆에 산 죄밖에 없는데, 왜 이렇게 고통을 받고 살아야 하는지 모르겠습니다. 모든 것이 우리는 대한민국 국민이 아닌 것 같습니다. 정부와 국회는 핵발전소 주변에 사는 주민들을 위해서 반드시 그 역할을 해야 합니다.

지난 7년간 활동 정리 — 이주대책위 경과 보고 (2021)

(천막농성 7주년 행사, 신용화 사무국장 발표)

1.

주민들은 2014년 8월 25일 월성원전 앞에서 천막농성을 시작하면서 이주대책위원회를 구성했습니다. 처음 72가구가 시작했으나 7년이 지난 현재 30여 가구가 함께하고 있습니다. 연로한 주민들에게 7년은 쉽지 않은 시간이었습니다.

2.

농성을 시작하고 약 보름이 지난 9월 12일, 산업부 2차관이 우리 마을을 방문했습니다. 우리는 2차관이 식사를 하는 식당 앞에서 연좌 농성을 하며 면담을 요청했습니다. 길거리 면담이 성사되어 우리의 요구를 담은 서한을 전달했습니다.

3.

2015년 2월, 원자력안전위원회의 월성 1호기 수명 연장 심사를 앞두고 우리 주민들은 네 차례나 상경투쟁을 했습니다. 10시에 개최하는 원자력안전위원회 회의 시간을 맞추기 위해 엄동설한에 새벽 3시 이곳에서 출발해야 했습니다.

4.

2015년 4월 6~10일, 국회 산업위, 미방위 의원실을 방문하면서 이주대책을 요구했습니다. 당시 의원실 29곳을 방문했습니다.

5.

2015년 4월 25일, 후쿠시마 핵사고 4주기를 맞아 전국에서 600여 명의 시민이 경주역에 모였습니다. 이주대책위는 맨 선두에서 상여를 끌며 행진을 이끌었습니다.

6.

2015년 8월 22일, 유럽방사선방호위원회(ECRR)의 대표인 크리스토퍼 버스비 박사가 우리 천막을 방문해서 삼중수소의 위험성에 대해 강연해 주었습니다. 버스비 박사는 한수원이 제시한 피폭량에서 최소 1,000배를 곱해야 실제 피폭량과 비슷하다고 알려 주었습니다. 버스비 박사는 갑상선암 공동소송의 증인으로 참석하기 위해 멀리 영국에서 왔습니다.

7.

2015년 9월 7일, 우리 주민들은 버스를 타고 상경해서 광화문에서 '월성 1호기 폐쇄 만인소'를 펼친 후 청와대 민원실을 방문해 만인소 복사본을 전달했습니다. 만인소는 경주 시민 10,192명이 한지에 붓으로 이름을 적고 지장을 찍은 서명입니다.

8.

2015년 9월, 한 달간 정수성 경주 국회의원 사무실 앞에서 농성을 했습니다. 우리 주민의 천막농성을 폄훼하는 발언을 신성한 국회에서 했기 때문입니다.

9.

2015년 10월 16일, 유엔 인권이사회의 바스쿠트 툰작 특별보고관이 우리 천막농성장을 방문했습니다. 바스쿠트 툰작 특별보고관은 원전 문제에 해박했고 주민들의 아픔에 깊이 공감해 주었습니다.

1년 후 제33차 유엔 인권이사회에서 다음과 같이 지적했습니다. "주민들의 주거권, 특히 거주가능성과 거주지 위치와 관련한 권리가 보호되고 있지 않다는 것에 우려를 표한다."

10.

2015년 10월~11월, 우리 주민들은 영덕을 여러 차례 오가며 영덕핵발전소 찬반 주민투표 운동에 연대했습니다. 영덕 주민 91.7%가 반대에 투표했고, 현재 영덕 원전은 백지화되었습니다.

11.

2016년 1월 21일, 삼중수소 대책 마련 기자회견을 서울에서 개최했습니다. 나아리 주민 모두 소변에서 삼중수소가 검출됐고, 황분희 부위원장의 손자인 당시 5세 아동의 몸에서도 많은 삼중수소가 나왔습니다.

12.

2016년 3월 12일, 후쿠시마 핵사고 5주기 대구경북 행사를 우리 천막농성장에서 했습니다.

13.

2016년 9월 3일, 천막농성 2주년 나아리 방문의 날 행사를 했습니다. 당시 연대자들이 천만 원이 넘는 후원금을 모아 주셨습니다.

14.

2016년 9월 8일, 김종훈, 윤종오, 두 분 울산 국회의원의 도움으로 국회 토론회를 개최했습니다. 당시 토론회가 입법 발의로 이어졌습니다.

15.

2016년 9월 13일, 문재인 대통령(당시 더불어민주당 대표)이 우리 천막을 방문하셨습니다. 9월 12일 경주에서 지진이 발생하고 제일 먼저 찾아온 분입니다. 새 정부가 들어서면 이주 문제도 잘 풀릴 것이라고 말씀해 주셨습니다. 대통령 임기가 얼마 남지 않았습니다. 현 정부에서 이주 문제가 해결되길 간절히 바랍니다.

16.

2016년 11월 23일, 김수민 의원과 함께 발전소주변지역지원에 관한 법률 일부개정법률안 발의 국회 기자회견을 개최했습니다.

17.

2017년 1월 21일, 광화문에서 100차 촛불이 타오를 때 황분희 부위원장이 초청을 받아 100만 촛불 앞에 서서 우리 주민들의 투쟁을 세상에 알렸습니다.

18.

2017년 3월 11일, 후쿠시마 6주기 서울 행사에 이주대책위 주민들이 버스 한 대를 타고 가 함께했습니다.

19.

2017년 6월 19일, 고리 1호기 영구정지 정부 행사에 황분희 부위원장이 초대를 받아서 함께했습니다.

20.

2017년 8월 24일, 천막농성 3주년 기자회견을 경주시청에서 개최했습니다.

21.

2017년 9월 7일, 천막농성 3주년을 경과하면서 탈핵 순례를 시작하기로 했습니다. 경주 시민들을 더 만나자고 생각했습니다. 매주 화요일 경주시 내에서 진행한 탈핵 순례는 2020년 4월 26일 100차 순례를 했습니다.

22.

2017년 9월 12일, 백운규 산업부 장관이 천막농성장을 방문했습니다. 우리 주민들은 의견을 담은 서한을 전달했습니다.

23.

2018년 3월 11일, 후쿠시마 7주기 경주 행진을 개최했습니다. 100여 명의 경주 시민이 행진에 함께했습니다.

24.

2018년 8월 13~14일, 국회를 방문해 산업위 의원실 16곳을 돌며 이주 법안 국회 통과를 호소했습니다.

25.

2018년 8월 27일, 천막농성 4주년 행사를 주민들 중심으로 농성장에서 조촐하게 했습니다.

26.

2018년 9월 17일, 김성한 의원, 홍의락 의원의 도움으로 국회에서 2차 토론회를 개최했습니다. 주민 이주대책의 필요성과 정당성을 다시 한번 확인하는 자리였습니다.

27.

2018년 11월 19일부터 23일까지 청와대 앞에서 1인 시위를 했습니다.
11월 23일, 청와대에 출입하여 행정관을 만나 주민들의 뜻을 충분히 전달
하였습니다.

28.

2019년 3월 9일, 후쿠시마 8주기 경주 행진에 참가하여 선두에서 행진을
했습니다.

29.

2019년 4월 2일, 환경운동연합에서 시상하는 제6회 임길진환경상을 이주
대책위원회가 수상했습니다.

30.

2019년 7월 2일, 청와대 앞에서 이주대책을 마련을 촉구하는 기자회견을
개최했습니다. 기자회견을 마련한 서울지역 단체들이 매주 목요일 우리 주
민들을 위해 청와대 앞에서 1인 시위를 펼치고 있습니다.

31.

2019년 9월 17일, 천막농성 5년 전국 동시다발 기자회견을 개최했습니다.
경주, 서울, 대구, 울산에서 기자회견을 개최했습니다.

32.

2019년 12월, 영화 〈월성〉이 극장 개봉했습니다. 주인공으로 출연한 황분희 부위원장의 갑상선암 소송 등 삶을 통해 우리 주민들의 투쟁을 잘 전달하고 있습니다.

33.

2020년 한 해 뜨겁게 진행된 고준위핵쓰레기장 맥스터 추간 건설 반대 투쟁에 이주대책위원회가 앞장서서 전국의 탈핵 시민들과 함께했습니다.

34.

2020년 4월 26일, 체르노빌 핵사고 34주년을 맞아 100차 탈핵 순례를 했습니다. 이주 문제 해결과 함께 맥스터 건설 반대를 외쳤습니다.

35.

2020년 11월 3일, 핵발전소 주변지역 갑상선암 피해 주민 국회 증언대회에 황분희 부위원장이 증언자로 참여했습니다.

36.

2021년 5월 17일, 김성환 국회의원, 양이원영 국회의원이 천막농성장을 방문했습니다.

37.

2021년 6월 16일, 2019년 7월 2일에 시작한 청와대 앞 1인 시위가 100주차를 맞이했습니다. 나아리 프로젝트 피케팅 100주차 기자회견을 개최했습니다.

마무리

2021년 8월 27일, 오늘 천막농성 7주년 행사를 여러분들과 함께하고 있습니다. 우리는 이렇게 역사의 한 장을 새롭게 써 가고 있습니다. 주민 이주와 탈핵을 이루기 위해 계속 함께 걸어갑시다. 감사합니다.

원전 마을
월성원전 인근 주민들의 투쟁 이야기

초판 1쇄 발행 2022년 2월 28일

지은이 김우창
기획 경주환경운동연합
펴낸이 오은지
책임편집 변홍철
편집 변우빈
펴낸곳 도서출판 한티재 | 등록 2010년 4월 12일 제2010-000010호
주소 42087 대구시 수성구 달구벌대로 492길 15
전화 053-743-8368 | 팩스 053-743-8367
전자우편 hantibooks@gmail.com | 블로그 blog.naver.com/hanti_books
한티재 온라인 책창고 hantijae-bookstore.com

ⓒ 김우창 2022
ISBN 979-11-90178-89-1 04300
ISBN 978-89-97090-40-2 (세트)